Hanne Seelmann

Fit für Asien!

44 Tipps für den durchschlagenden Geschäftserfolg

Bibliografische Information der Deutschen Nationalbibliothek
Die Deutsche Nationalbibliothek verzeichnet diese Publikation
in der Deutschen Nationalbibliografie; detaillierte bibliografische
Daten sind im Internet über http://dnb.dnb.de abrufbar

ISBN
Hardcover: 978-3-7451-0204-8
Softcover: 978-3-7451-0203-1
eBook: 978-3-7451-0205-5

© 2018 Hanne Seelmann

Fotografien: Gerhard Kotschenreuther, Pixabay und
               aus privatem Bestand
Lektorat: Susanne Bubolz

Business Insights by Haufe
Ein Imprint der Haufe-Lexware GmbH & Co. KG, Freiburg

Das Werk, einschließlich seiner Teile, ist urheberrechtlich geschützt. Jede Verwertung außerhalb der engen Grenzen des Urheberrechtsgesetzes ist ohne Zustimmung des Verlages und des Autors unzulässig. Dies gilt insbesondere für die elektronische oder sonstige Vervielfältigung, Übersetzung, Verbreitung und öffentliche Zugänglichmachung.

Printed in Germany

Inhaltsverzeichnis

Tipps für Asien? 9

1. **Von Beginn an souverän: Etikette und andere Fallstricke** 11
   1. Warum Visitenkarten in Asien über Ihren geschäftlichen Erfolg bestimmen 11
   2. Namensübersetzungen in die chinesische Sprache: Das sollten Sie beachten! 14
   3. Was Sie Ihren asiatischen Partnern (nicht) schenken sollten! 17
   4. Essen in China – lassen Sie sich nicht verunsichern! 21
   5. Das chinesische Frühlingsfest: Weihnachten und Neujahr in einem! 23
   6. Karaoke & Co oder: Nach „Dienstschluss" geht's erst richtig los! 26
   7. Zahlen und zählen in Fernost 28
   8. Gesundheitsvorsorge Asien – das sollten Sie bedenken 32
   9. Wie Sie Mimik und Gestik Ihrer asiatischen Partner richtig deuten 36

2. **Hier stehen die Hintergründe im Vordergrund: Ein Blick hinter die Kulissen asiatischen Verhaltens** 39
   10. Schubsen, Drängeln, Übervorteilen – warum sind viele Chinesen nur so unhöflich? 39
   11. Was sind eigentlich Guanxi? 42
   12. Lachen die mich jetzt an oder aus? 45
   13. Warum Übersinnliches und Astrologie in Asien zum Alltag gehören 48
   14. Small Talk in Asien – wichtiger als Sie glauben! 51
   15. Warum Chinesen westliche Fußballvereine kaufen – und was wir daraus lernen können 53

3. **Erfolgreich verkaufen und verhandeln: Damit Sie nicht über den Tisch gezogen werden** 57
   16. Die Angst des Verkäufers vor dem Kunden und was Pierre Littbarski dazu zu sagen hat 57
   17. Warum harte Jungs und Mädels in Asien scheitern können. Oder: Soft skills sind keine skills für softies 60

18. Dem FC Bayern sind in Zukunft die Gegner egal!
Was uns das Fußballspielen über Asiengeschäfte lehrt 63
19. Warum Erfolg oft blind macht.
Hohe Ambitionen führen nicht immer zum Erfolg in Asien .. 66
20. Produkt- und Markenschutz in Asien: Cogito ergo fake? 69
21. Marken- und Produktschutz in China: Was Sie wissen und beachten sollten 72
22. Wie Sie Ihre asiatischen Gäste bewirten sollten 74
23. Asiatische Gäste in Deutschland: Tipps für ein Besuchsprogramm 77

4. **Erfolgreiches Marketing: Das sollten Sie beachten!** 79
24. Farbenbedeutung in Asien – Der Osten ist rot! 79
25. Warum Asiaten anders schauen 82
26. So geht erfolgreiches Marketing in China! 85
27. Firmenprospekte und Präsentationen für Asien 88

5. **Länderspezifische Informationen** 91
28. China – eine blühende Wiese voller Tretminen 91
29. Der rote Drache ist kein Schmusetier!
Aber das hat sich noch immer nicht herumgesprochen. 95
30. Indiengeschäfte: Vier Irrtümer, die Sie vermeiden sollten!. 98
31. Marktchancen in Indien:
Toiletten für 600 Millionen Menschen? 101
32. Singapur: The little red spot hat mehr Millionäre als Katar oder Kuwait 104
33. Warum Sie in den ASEAN Staaten investieren sollten! 107
34. Was Wirtschaftsflüchtlinge mit dem wirtschaftlichen Erfolg in Asien zu tun haben 110

6. **Lustiges, Kurioses, Nachdenkliches rund ums Asiengeschäft.** 113
35. Autofahren in Asien – bereit zum Abenteuer? 113
36. Heute schon gelacht? 116
37. Höfliche Menschen haben mehr Sex und mehr Geld! 119
38. Kommen nun die bösen Geister aus Fernost? 122
39. Frauen in China – Das sollten Sie wissen! 125
40. Warum ein Perspektivenwechsel hilfreich und oft auch erheiternd ist 129
41. Das Glück – auch eine Frage der Sichtweise 132
42. Weihnachten in Asien 135

7. Zum Schluss eine wichtige Frage: Was denken die Asiaten
   eigentlich über uns? 137
   43. Das Deutschlandbild in Asien 137
   44. Was chinesischen Touristen in Doi Tse Lan (nicht) gefällt . 140

8. Epilog 143

Tipps für Asien?

„Kann man Tipps eigentlich für ganz Asien aussprechen?"
Nein, das kann man nicht.

Natürlich ist Asien kein einheitlicher Kulturraum. Es gibt enorme Unterschiede in den Wertesystemen. Indien ist mehrheitlich hinduistisch geprägt. Zum konfuzianischen Kulturraum gehören China, Taiwan, Südkorea, Japan und Singapur. In Südostasien finden wir überwiegend muslimische Bevölkerung in Malaysia und Indonesien, wohingegen in Thailand und Vietnam der Buddhismus weit verbreitet ist.

Was dies alles mit Ihren Geschäften zu tun hat? Die verschiedenen Religionen oder Philosophien erzeugen bestimmte Werte und Normen. Und diese Grundüberzeugungen leiten auch das Handeln und Verhalten Ihrer Geschäftspartner. Sie bestimmen, was diese als höflich empfinden, was sie von einer guten geschäftlichen Beziehung erwarten oder wann Ihre asiatischen Mitarbeiter glücklich und motiviert sind.

Ja, man kann Tipps für ganz Asien aussprechen

Die Tipps in diesem Buch beziehen sich auf Themen, die in allen asiatischen Ländern zu finden sind. Sie sind quasi der kleinste gemeinsame Nenner – und zeigen auch die Unterschiede zum Geschäftsleben des Westens.

Aus der Praxis für die Praxis

Ich habe diese Tipps ausgewählt, weil sie aus Fragen entstanden sind, die mir in meiner Beratungstätigkeit in den Unternehmen immer wieder begegnet sind. Sie sind quasi die „Evergreens" und anders, als man manchmal hört, haben sie sich in den letzten Jahrzehnten nicht verändert.

Weder Digitalisierung noch erhöhte Reisegeschwindigkeit verändern den kulturellen Code

Das im Westen so oft beschworene globale Dorf existiert nämlich nicht. Weder Internet noch schnellere Flugverbindungen verändern die grundlegenden kulturellen Prägungen der Menschen. Konsumgewohnheiten oder Architekturstile mögen sich anpassen – die kulturellen Codes tun es nicht. Dies zu wissen und zu berücksichtigen ist ein wichtiger Schutz gegen die größte Gefahr im Asiengeschäft: Die Ähnlichkeitsfalle

Schützen Sie sich vor der Ähnlichkeitsfalle

Wenn man heute nach Asien reist, hat man aufgrund der Architektur, der Kleidung der Menschen, der Konsumgewohnheiten oder der Musik in den Discos oft den Eindruck: „Die sind ja schon ganz westlich, die sind ja schon wie wir!" Dass dies ein Fehlschluss ist, merkt man dann mit zunehmenden Erfahrungen.

Der Nutzen für Sie

- Diese Tipps machen Neulinge von Anfang an souverän. Statt einer Fettnäpfchenrallye werden sie einen souveränen Parcours absolvieren.

- Diese Tipps helfen alten Hasen im Asiengeschäft dabei, ihre Stärken zu stärken. Sie erhalten Antworten auf Fragen, die sie seit Jahren beschäftigen.

- Diese Tipps sollen Sie neugierig machen und ermutigen, sich noch mehr mit den Hintergründen eigener und fremder kultureller Prägung zu beschäftigen.

Viel Spaß bei der Lektüre!

1. Von Beginn an souverän: Etikette und andere Fallstricke

1. Warum Visitenkarten in Asien über Ihren geschäftlichen Erfolg bestimmen

"Visitenkarten sind in Asien sehr wichtig!" Diese Aussage werden Sie oft von asienerfahrenen deutschen Geschäftsleuten hören.

Das ist richtig.

Und dann lesen Sie vielleicht noch in manchen Ratgebern: Wenn Sie bei der Begrüßung die Visitenkarten falsch übergeben oder sich nicht tief genug verbeugen (z.B. in Japan), ja dann – könnten Sie die angestrebten Geschäftsabschlüsse gleich vergessen.

Das ist Quatsch!

Überreichen Sie die Visitenkarte mit beiden Händen und einer leichten Verbeugung. Ihre Wichtigkeit liegt jedoch auf einer anderen Ebene.

Visitenkarten klären hierarchische Beziehungen

In allen asiatischen Gesellschaften spielt die Hierarchie zwischen den Menschen eine zentrale Rolle. Natürlich gilt dies auch für das Geschäftsleben. Visitenkarten sind ein wichtiges Mittel, das Auskunft über die hierarchische Stellung des Mitarbeiters im Unternehmen geben soll. Die asiatischen Partner schließen daraus auf die Entscheidungsbefugnis oder auch Wichtigkeit des westlichen Besuchers.

Aussagen über Tätigkeit ist nicht ausreichend

Informationen zur Tätigkeit (Sales Manager) oder Abteilung (Purchase, Technical Staff) sind hier wenig hilfreich. Die Logik in Asien lautet: Wenn ich einen verantwortlichen und entscheidungsbefugten Firmenvertreter vor mir habe, dann weist er sich durch den Titel auf seinen Visitenkarten aus. Wenn diese Titel fehlen, dann ist er auch nicht so wichtig.

Entscheidungsbefugnis muss erkennbar sein

In vielen westlichen Unternehmen ist es nun so, dass die Mitarbeiter zwar alleine zuständig und auch entscheidungsberechtigt sind, dies jedoch nicht auf ihren Visitenkarten kommuniziert wird. Wenn also ein Einkäufer über den Kauf eines bestimmten Produktes entscheiden kann, dann sollte er zumindest ein „Head of…" in seiner Positionsbeschreibung haben. Einfacher ist es natürlich, wenn man durch Titel wie CEO, General Manager oder President klar erkennen kann, dass hier ein Entscheidungsträger vor einem steht.

Fehlende Titel verzögern Entscheidungen

Was kann passieren, wenn man zum Beispiel einen Mitarbeiter nach Asien schickt, der tatsächlich Projektleiter ist, dessen Visitenkartentitel aber nur einen „Manager" ausweist? Im schlimmsten Falle gar nichts – weil nämlich die asiatischen Kollegen vor Ort auf den „eigentlichen" Projektleiter warten und den „Manager" als eine Art Vorhut einstufen. Mit dem geht man dann Essen und Trinken und singt lustig in der Karaokebar – aber im Projekt selbst wird nichts passieren. Eine teure Zeitverschwendung…

Fehlende Titel verärgern asiatische Geschäftspartner
Noch schlimmer können die Folgen einer unzureichenden Visitenkarte sein, wenn man Verkäufer nach Asien schickt. Wenn sie sich nur als „Sales Manager" ausweisen können, ist ein potenzieller Kunde vielleicht sogar verärgert. Seine Logik lautet: Ich bin der westlichen Firma wohl so wenig wert, dass sie mir nicht einmal einen Hauptverantwortlichen schicken. Die Folge ist dann eben, dass man mit so einem Verkäufer natürlich keine Geschäfte macht.

Probleme in westlichen Unternehmen
Immer wieder erlebe ich in den Unternehmen, dass sich Vorgesetzte weigern, ihren verantwortlichen Mitarbeitern asiengerechte Visitenkarten zu genehmigen. Gründe sind zum einen unternehmensinterne Richtlinien, die verbindlich einzuhalten sind. Manchmal sind die Gründe wohl aber auch trivialer: Man unterstellt dem Kollegen Anmaßung und den Wunsch, sich quasi durch die Hintertür zu befördern. „Sie nehmen die Visitenkarten, die wir alle haben. Basta!", beschied neulich ein Vorgesetzter barsch seinem Kollegen, der um entsprechende Titel für Asien bat.
Noch einmal: Auch wenn Bezeichnungen wie „Head of Sales China" oder „General Sales Manager India" nicht der hierarchischen Position im westlichen Unternehmen entspricht, ist das für eine erfolgreiche Tätigkeit auf asiatischen Märkten oft ein entscheidender Faktor.

Der Wurm muss dem Fisch schmecken
Am einfachsten lösen dieses Thema meist die inhabergeführten Unternehmen. Nach dem Motto „Der Wurm muss dem Fisch schmecken, nicht dem Angler!" passen sie ihre Visitenkarte oft nicht nur in Bezug auf die Titel an, sondern ändern manchmal sogar das Firmenlogo in Form oder Farbe. „Wenn ich meine Leute nach Asien schicke, sollen sie Geschäfte machen. Ich will Umsätze sehen und nicht die Fluggesellschaften subventionieren", sagte mir der Eigentümer eines mittelständischen Unternehmens. Und verlieh seinem verantwortlichen Verkäufer den Titel „President of Sales Asia".

2. Namensübersetzungen in die chinesische Sprache: Das sollten Sie beachten!

Wenn Sie Geschäfte in China machen, empfehle ich Ihnen, die Visitenkarte in englischer und chinesischer Sprache zu gestalten. Dies zeigt, dass Sie Ihren Partnern entgegenkommen – nicht alle chinesischen Geschäftsleute beherrschen Englisch oder Deutsch.

„Ist mein Name auf meiner chinesischen Visitenkarte richtig übersetzt?"

Das ist eine Frage, die ich häufig höre. Manchmal wenden sich die Westler damit auch hilfesuchend an einen chinesischen Kollegen. Der wird dazu meist nur ratlos die Achseln zucken. Westliche Namen können oft nicht eins zu eins übersetzt werden. Bei einem Herrn Schmied oder einer Frau Schneider findet sich vielleicht noch ein entsprechendes chinesisches Zeichen. Was aber macht man mit einer Frau Malucha oder einem Herrn Lorenz?

Namen werden nach Lauten übertragen

Für die Übersetzung ins Chinesische behilft man sich oft mit der (möglichst adäquaten) phonetischen Übertragung. Hat der Laut, beziehungsweise das entsprechende Zeichen jedoch eine negative Bedeutung, so wird man versuchen auf etwas Positives auszuweichen. Würde der Laut im Chinesischen „stinkender Molch" bedeuten, so wird man Sie davor verschonen.

Eine Übersetzung obliegt also der Wahl des Erstübersetzers. Die Leser der Visitenkarten können diese nur noch zur Kenntnis nehmen und nicht mehr nachvollziehen, ob diese „richtig" oder „falsch" ist.

Probleme bei der Übersetzung von Markennamen

Ähnliche Probleme gibt es bei der Übersetzung von Markennamen. Auch hier soll der chinesische Name positive Assoziationen zum Unternehmen oder zu dem Produkt wecken. BMW wurde mit „bao ma" als „edles Ross" in der Lautübertragung übersetzt. Mit dieser Bedeutung sieht sich die Automarke sicher gut vertreten.

Tücken in der Übersetzung

Der Marketingexperte Dr. Dr. Andreas Tank weist in seinen Blogbeiträgen oder in seinem aktuellen Buch auf erfolgreiche oder misslungene Beispiele hin.
Coca-Cola heißt in phonetischer Anlehnung „ke kou ke le", zu Deutsch: „schmackhaft und macht froh". Auch die Firma Lego ist sicher mit „le gao" zufrieden, denn es bedeutet „große Freude".
Peugeot hingegen sorgte einst mit seinem Namen „biaozhi" (hübsch) für Schlagzeilen, denn leicht abgewandelt wird daraus „biaozi" (Prostituierte). Der Werbespruch „Peugeot aus Kanton bietet Ihnen den besten Service" erhielt damit eine entsprechend zweideutige Bedeutung.

Übertragen von Produktbedeutungen

Neben der phonetischen Übersetzung gibt es auch die Möglichkeit, sich an der inhaltlichen Bedeutung des Produktes oder Markennamens zu orientieren. Volkswagen heißt auf Chinesisch „da zhong", also „Volk".
Den Bonbonnamen nimm2 übertrug man in „zwei Schätze", (er bao) und Nestlé – ursprünglich die süddeutsche Verkleinerungsform von „Nest" – in „Spatzennest", que chao.
Aber auch hier lauern Gefahren: Die amerikanische Getränkemarke 7 up wurde wortwörtlich in „qi shang" übersetzt. Dieses weckte in China pikante Assoziationen an „qi shangchuang": Sieben Mal ins Bett gehen. Daraufhin wurde das Getränk in „Sieben Freuden" umbenannt.

Sorgfältige Planungen
Auch bei der Übersetzung von Markennamen empfiehlt sich deshalb, nicht nur auf „Übersetzer", sondern auf Experten zurück zu greifen. Denn Sinn und Bedeutung von Worten sind ebenfalls in einen kulturellen Kontext eingebettet. Dass dies auf westlicher Seite zu wenig berücksichtigt wird, zeigt sich immer wieder auch bei misslungenen Werbeslogans.

3. Was Sie Ihren asiatischen Partnern (nicht) schenken sollten!

Bei der Auswahl der Mitbringsel für die Asienreise sind viele unsicher. Deshalb finden Sie hier einige Tipps, worüber sich Ihre asiatischen Partner oder Kollegen freuen würden – und welche Präsente Sie eher nicht überreichen sollten.

Bestechung oder wichtiger Bestandteil guter Geschäftsbeziehungen?

Asienreisende haben einen Spagat zu bewältigen. Da sind auf der einen Seite die engen und strengen Vorschriften der eigenen Firma. Zu wertvolle Zuwendungen sind verboten, weil man bei uns schnell den Bestechungsvorwurf fürchtet. Auf der anderen Seite wertet der asiatische Partner ein knauseriges Geschenk als Signal für mangelndes Interesse an ihm. Das kann den Aufbau einer guten Geschäftsbeziehung verhindern. Hüten Sie sich deshalb vor allem davor, Werbepräsente der eigenen Firma zu verschenken, vor allem, wenn diese auch noch in Fernost gefertigt wurden.

Der erste Besuch

Oft muss man Menschen beschenken, die man bisher nur über Mails oder Telefongespräche kennt. Die sicherste Wahl hier sind z.B. Bildbände aus der Herkunftsstadt oder der Heimatregion. Diese gibt es mittlerweile auch in Englisch oder Chinesisch/Japanisch. Daneben sind Mitbringsel

aus dem lokalen Kunsthandwerk (Bierkrüge, Hummelfiguren, Souvenirteller etc.) empfehlenswert. Nicht immer schätzt Ihr asiatischer Partner hingegen den Geschmack typischer Spezialitäten wie Nürnberger Lebkuchen oder Aachener Printen. Ich würde da zur Vorsicht raten.
Vor allem für männliche Geschäftspartner ist dagegen Hochprozentiges – auch aus der Region – eher geeignet. Achten Sie aber dabei auf die Glaubenstabus Ihrer Partner. Für Moslems in Indien, Pakistan, Malaysia oder Indonesien sind alkoholische Getränke keine gute Idee.
Für einen Besuch in China, Südkorea oder Japan hingegen können Sie einen guten Cognac, Maltwhisky oder auch lokale Schnapsspezialitäten in Betracht ziehen. Wenn Ihr asiatischer Partner Golfspieler ist, so sind vielleicht der Golfwein und der Golfschnaps des fränkischen Winzers Johannes Deppisch eine außergewöhnliche Alternative.

Qualitativ hochwertige Geschenke mit Bezug zum Herkunftsland

Wir stufen bestimmte Geschenkartikel (zum Beispiel Bierkrüge, Hummelfiguren, Souvenirteller) zuweilen als kitschig ein. Gerade solche Produkte treffen aber oft den Geschmack der asiatischen Gäste. Je nach Herkunft der deutschen Firma können dies Meißner Porzellan, Swarowski Kristall oder auch Produkte von Käthe Wohlfarth sein.

Geschenke für langjährige Partner

Bei langjährigen Geschäftspartnern oder Kollegen, mit denen Sie ständig zusammenarbeiten, sollten Sie sich an deren persönlichen Vorlieben orientieren und diese berücksichtigen. Dazu müssen Sie aber die Hobbies oder Interessen Ihrer Partner kennen. Nutzen Sie hierzu die gemeinsamen Essen oder auch Freizeitaktivitäten. Fragen Sie entweder ganz konkret nach den Leidenschaften und Vorlieben oder hören Sie gut zu. Notieren Sie sich, was Ihrem Partner Freude machen könnte. Beobachten Sie, welche Süßigkeiten Ihren Gästen schmecken, wenn diese in Deutschland sind. Solche persönlichen Geschenke treffen mitten ins Herz Ihres asiatischen Partners, denn er merkt, dass er Ihnen wichtig ist, und Sie sich Gedanken machen, worüber er sich freuen würde. Ein Tipp: Viele Asiaten lieben deutsche Autos. Wenn Sie also ein Modell des Traumautos schenken, werden Sie nicht nur bei kleinen Jungs leuchtende Augen sehen.
Natürlich muss auch bei den Geschenken die Hierarchie berücksichtigt werden. Der Inhaber eines Unternehmens erhält ein wertvolleres Präsent als der Produktionsleiter oder die Sekretärin.

Das sollten Sie nicht schenken!

- Uhren – Sie signalisieren vor allem in China ablaufende Lebenszeit. Eine Ausnahme stellt die Schwarzwälder Kuckucksuhr dar – aber da gibt es wohl auch Transportprobleme.
- Messer zerschneiden nicht nur in Deutschland die Freundschaft. Zudem könnten sie als schlechtes Omen für scheiternde Verhandlungen gewertet werden. Allerdings dürften Sie ein rotes, original Schweizer Taschenmesser schenken. Und wenn Sie auch noch einen Cent daran kleben, ist jeder böse Zauber gebannt.
- Vorsicht bitte auch in fast allen asiatischen Ländern mit Blumen! Bei privaten Einladungen würde die Dame des Hauses an eine Beerdigung erinnert und vielleicht fälschlicherweise annehmen, Sie wünschten ihr den Tod.
- Auch Regenschirme haben in China und Singapur die Bedeutung „ich möchte dich nie mehr wieder sehen". Bitte seien Sie hier zurückhaltend, denn in vielen Firmen gibt es ja Regenschirme mit einem Firmenlogo.
- Und ein absolutes No Go sind grüne (Trachten-)Hüte oder auch Mützen! Sie sind in China das Symbol für einen betrogenen Ehemann!

Verpackung

Neben dem Inhalt ist die Verpackung z.B. in Südkorea oder in Japan besonders wichtig. In diesen Ländern ist sie oft selbst schon ein kleines Kunstwerk. Achten Sie deshalb immer auf ein hochwertiges Äußeres. Mit den Farben, Rot und/oder Gold sind Sie auf der sicheren, da glücksverheißenden, Seite.

Das Geschenke-Konto muss ausgeglichen sein!

Bitte denken Sie daran, dass eine Geschenkebilanz ausgeglichen sein muss! Wenn Sie wertvolle Mitbringsel aus Asien erhalten und eine billige Gegengabe machen, nehmen Sie Ihrem Gegenüber das Gesicht. Eine solche Unachtsamkeit kann sogar zum Abbruch von Geschäftsbeziehungen führen. Klar ist auch, dass Sie zu wertvolle Geschenke mit Hinweis auf die unternehmerischen Compliance-Regeln zurückweisen sollten. Andernfalls erwartet der Schenkende ein gleichwertiges Präsent oder ein überdurchschnittliches Entgegenkommen.

Mein Tipp zum Schluss
Asiatische Menschen sind sehr an den westlichen Kollegen und Lebensverhältnissen interessiert. Deshalb könnten die Asienreisenden z.B. einen kleinen Film von den KollegInnen im Back Office aufnehmen, die mit den Kollegen nur via Mail oder Telefon in Kontakt sind, und dann als DVD verschenken. Die Produktion eines solchen Mitbringsels ist heute ja kein großer technischer Aufwand.
Und statt einen Jahreskalender mit unpersönlichen Motiven drucken zu lassen, könnten Sie auch Aufnahmen aus der eigenen Firma oder der Region wählen. Auch das ist ein sehr persönliches und individuelles Andenken.

4. Essen in China – lassen Sie sich nicht verunsichern!

Durften Sie auch schon einmal den Horrorgeschichten über das Essen in China lauschen? Solche Schilderungen gehören oft zum Standardprogramm chinaerfahrener Kollegen, mit denen man die Daheimgebliebenen so richtig beeindrucken kann. Um kein anderes Thema ranken sich so viele Mythen wie um die Frage, was man wohl in China auf dem Teller findet. Enten- oder Hühnerfüße sind da noch vergleichbar harmlos. Bei gebratenen Skorpionen, Schlangen- und Hundefleisch, lebenden Shrimps oder Ratten schütteln sich dann spätestens die Zuhörer vor Ekel.

Richtig ist:
Das alles kann man in China als kulinarische Angebote finden. Und viele exotische Tiere werden verspeist, weil „man" sich davon eine Steigerung der Manneskraft verspricht.

Falsch ist:
Dass man Ihnen das auch anbietet oder noch schlimmer „unterjubelt". Denn die exotischen Speisen sind teuer. Sie werden allenfalls bei außergewöhnlichen Anlässen oder Geschäftsabschlüssen serviert. Überwiegend bereitet man die Gerichte aus den Lebensmitteln zu, die auch wir akzeptieren: Gemüse, Fisch, Geflügel, Schwein, Rind.

Warum ...

... essen Chinesen Dinge, die wir schon lange von unseren Speisekarten verbannt haben? Seit Jahrtausenden liegt die Ursache hierfür im Mangel an ausreichenden Lebensmitteln. In China sind nur ca. 13 Prozent des Bodens landwirtschaftlich nutzbar! Immer wieder wurde das Land von Hungersnöten heimgesucht. Einige Provinzen erlebten das sogar noch 1988/1989. Die Menschen mussten also schon immer die vorhandenen Lebensmittel optimal verwerten. Der Mangel an Energie ist übrigens der Grund für die Entwicklung des Wok. Durch seine Form kann man eine kleine Menge Heizmaterial maximal nutzen. Und wenn man die Zutaten klein schneidet, verringert sich noch einmal die Garzeit.

„Was tue ich, wenn ich etwas nicht mag?"

Das ist ganz einfach. Wenn Sie etwas nicht mögen, lassen Sie das Gericht einfach liegen. Also bitte nicht schnell herunterwürgen! Dies könnten Ihre chinesischen Gastgeber so interpretieren, als würde es Ihnen besonders gut schmecken. Und gerne legt man Ihnen dann mehr nach. Loben Sie, was Ihnen schmeckt! Das ist der beste Weg, um sicher zu stellen, dass Sie immer das bekommen, was Sie gerne essen. Chinesen sind sehr stolz auf ihre Küche. Sie möchten, dass Sie das Essen in China genießen. Denn für die Chinesen gilt: „Essen ist meine Lieblingsspeise".

Geschichten, die das Leben schreibt oder: Wie man vor vollen Tellern verhungern kann

Ein deutscher Techniker wurde (unvorbereitet) nach China geschickt, um Geräte zu installieren. Natürlich kümmerten sich die chinesischen Kollegen aufmerksam um ihn. Jeden Abend luden sie ihn in ein Restaurant ein, und bestellten reichlich. Der Deutsche war jedoch sehr misstrauisch und überzeugt, dass er die Speisen nicht vertragen würde. Vielleicht waren sie ja sogar vergiftet? Also verweigerte er konsequent das Essen. Die chinesischen Kollegen wollten nicht unhöflich sein und aßen auch nichts. Sie hätten ja erst mit dem Essen beginnen dürfen, wenn der Gast zu den Stäbchen griff. Diese Zurückhaltung der Chinesen wertete der Deutsche hingegen wieder als Beweis seiner Vermutungen. Er glaubte, die Chinesen äßen nichts, weil sie wüssten, dass die Gerichte nicht genießbar waren.

5. Das chinesische Frühlingsfest: Weihnachten und Neujahr in einem!

Das chinesische Neujahr, das Frühlingsfest oder Chinese New Year unterbricht in China, Taiwan, Singapur, Vietnam und Korea, aber auch bei Ihren chinesisch-stämmigen Geschäftspartnern in Südostasien für etwa 2 Wochen das öffentliche Leben. Demzufolge sollten Sie keine geschäftlichen Reisen in dieser Zeit planen. Das chinesische Neujahrsfest ist ein Familienfest, zu dem Millionen quer durch China reisen.

Wissenswertes zum Frühlingsfest

Informieren Sie sich also immer rechtzeitig, wann jeweils dieses Fest stattfindet. Es wird nach dem Mondkalender berechnet und findet zwischen Mitte/Ende Januar und Mitte/Ende Februar statt.
Wie bei uns zwischen Weihnachten und Neujahr haben Ämter und Unternehmen geschlossen. Das wichtigste Familienfest dauert insgesamt 15 Tage. Das Laternenfest am 15. Tag des ersten Mondmonats beendet die Neujahrsfeierlichkeiten.

Regional unterschiedliche Bräuche

Für das chinesische Neujahr gibt es viele, oft auch regional verankerte, Rituale. Ähnlich wie im westlichen Neujahr möchte man sich das Glück für das neue Jahr sichern. Demzufolge sollen Fenster und Türen weit geöffnet werden, um das Glück hereinzulassen. Lichter brennen durchgehend in der Neujahrsnacht, um dem Glück den Weg zu weisen und böse Geister zu vertreiben.

Überall jedoch zelebriert man reichhaltige Festessen mit symbolischen Speisen, die Glück, Reichtum, Gesundheit und Harmonie verheißen. Am Vorabend des Neujahrstages erhalten die Kinder Geld in roten Umschlägen. Und um Mitternacht vertreibt man mit ohrenbetäubendem Krach Geister und Dämonen. Am ersten Tag des neuen Jahrs besuchen sich Verwandte, Nachbarn und Freunde. Man gedenkt der Ahnen und ehrt sie.

Tabus

In den zwei Wochen rund ums chinesische Neujahr soll man sich auch keine neuen Schuhe kaufen oder die Haare schneiden lassen. Diese Tabus haben ihre Ursache in der Homophonie, d.h. dem Gleichklang, chinesischer Worte. Das Wort für Schuh, Xiezi, klingt so ähnlich wie Xie (schlecht, böse, ungesund). Das Wort für Haar Fa und Glück Fa sind gleich. Wenn man die Haare schneiden würde, würde man gleichsam das Glück abschneiden.

Was sollten Sie tun?

Dass Sie wichtige Reisen und Aufenthalte nicht in diese Zeit legen, ist selbstverständlich. Aber ebenso selbstverständlich ist es, Ihren Partnern oder Kollegen Glückwünsche zu schicken. Wählen Sie am besten vorgedruckte, rote Karten. Auch in Zeiten des Internets ist das die persönlichere und höflichere Geste. Und wenn Sie Ihre Kollegen oder Geschäftspartner persönlich treffen, dann schenken Sie ihnen acht Orangen. Denn die Acht steht für Reichtum und die Orangen symbolisieren Glück!

Was sollten Sie wünschen?

Wenn Sie Ihren Geschäftspartnern zum chinesischen Neujahr Wünsche übersenden wollen, finden Sie hier verschiedene Möglichkeiten:

„Guo Nian Hao" heißt "Ein gutes neues Jahr"

Mit „Shen Ti Jian Kang" wünschen Sie Gesundheit

„Cai Yuan Guang Jin" soll ebenso wie „Gong Xi Fa Chai" den Reichtum vergrößern.

Natürlich können Sie auch einfach nur „A happy new Chinese year" wünschen.

Chinesisches Neujahr in Japan

In Japan feiert man das neue Jahr am 1. Januar wie im Westen. Allerdings beachtet man auch das chinesische Frühlingsfest und versendet oft Neujahrskarten mit den Sternzeichen des bevorstehenden Jahres. Wenn Sie auf Nummer Sicher gehen wollen, können Sie Ihren Geschäftspartnern also zweimal Glückwünsche schicken.

6. Karaoke & Co oder: Nach „Dienstschluss" geht's erst richtig los!

Verhandlungen mit asiatischen Partnern können schwierig sein. Was aber viele westliche Geschäftsleute richtig fürchten, ist das geschäftliche Begleitprogramm. Ein opulentes Mahl – in China auch schon zur Mittagszeit – mit entsprechendem Alkoholgenuss gilt für manche noch als Vergnügen. Wenn es aber nach dem Abendessen noch in eine Karaokebar geht, möchten viele am liebsten flüchten. Ich zeige Ihnen, wie Sie auch diese Situation souverän meistern!

Gemeinsames Singen stiftet Gemeinschaft

Karaoke, wörtlich übersetzt „leeres Orchester" gehört zu den großen Leidenschaften und Freizeitvergnügen in asiatischen Ländern. „Wie soll ich denn dein Herz kennen, wenn ich nicht weiß, wie du singst?", lautet ein Sprichwort. Das gemeinsame Singen, wenn auch mithilfe individuell ausgesuchter Lieder, ist ein wichtiges Mittel, um Gemeinschaft zu bilden und zu bestätigen.

Die häufigsten Ausflüchte westlicher Geschäftsleute
„Ich kann nicht gut singen!"
Es geht nicht darum, dass Sie schön singen, sondern dass Sie mitmachen!

„Ich kann den Text doch gar nicht!"
Dies ist ebenfalls kein Problem, denn der erscheint zu jedem Lied auf einem Bildschirm, unterstützt werden Sie natürlich von der Instrumentalversion.

„Ich mache mich doch nicht zum Affen!"
Keine Sorge: Wenn Ihre Darbietung mit lautem Lachen quittiert wird, bedeutet das nicht, dass Sie ausgelacht werden. Das Lachen ist vielmehr Ausdruck von Spaß und Freude an dieser Freizeitbeschäftigung. Und da hier auch reichlich Alkohol fließt, ist der richtige Ton eher zweitrangig.

Wo wird gesungen?
Öffentliche Karaokebars gibt es überall. Oft reserviert man für eine Firmengruppe auch separate Räume oder Kabinen. In Japan überbrücken findige Taxifahrer sogar das Warten im Stau mit einem eigenen Karaokeangebot. Und es soll auch erwähnt werden, dass Ihre asiatischen Gastgeber das Karaokeprogramm manchmal auch mit freundlichen Damen garnieren.

Sie sind immer noch nicht überzeugt?
Dann denken Sie einfach einmal an die Wirkung des Singens auf unser Empfinden. Singen erfordert Sauerstoff. Mehr Sauerstoff fördert die Bildung von Serotonin und Dopamin in unserem Körper. Diese beiden Stoffe gelten als Glückshormone, erzeugen also Freude und Wohlbefinden. Also singen Sie sich glücklich! Derart gerüstet und entspannt sind Sie dann am nächsten Tag ein konzentrierter und aufmerksamer Verhandlungspartner. Und damit ein ebenbürtiger Kontrahent in den harten Verhandlungen.

7. Zahlen und zählen in Fernost

Dass in Fernost andere Schriftzeichen als im Westen verwendet werden, ist offensichtlich. Dass man dort jedoch auch anders zählt, Zahlen andere Bedeutungen haben und auch anders gerechnet wird, ist eine Erkenntnis, die sich vielleicht erst nach einiger Zeit einstellt.
So fragen sich manche westlichen Geschäftsleute, was es wohl mit den Fingerbewegungen auf sich hat, die ihre asiatischen Partner während der Verhandlungen austauschen.

Fingerspiele?

In China, Korea, Japan, Taiwan, aber auch unter den Auslandschinesen in den südostasiatischen Ländern zeigt man Zahlen mit den Fingern anders als bei uns. So zählt man mit nur einer Hand bis zehn. Die meisten Varianten beim Zählen unterscheiden sich zwar von den westlichen Gepflogenheiten, sind aber zu verstehen und mit etwas Übung auch nachzuahmen.

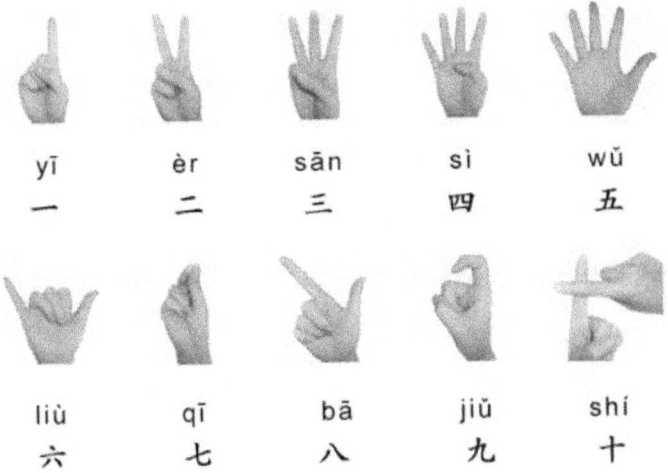

http://chinafreund.de/chinesische-handzeichen-fur-zahlen/

Es gibt jedoch eine Ausnahme, die häufig zu Missverständnissen führt. Wenn wir im Westen Daumen und Zeigefinger benutzen, heißt das „zwei". In Fernost symbolisiert es hingegen eine Acht. Wenn Sie also „zwei Bier" bestellen und dann acht serviert bekommen, mag Sie das noch amüsieren. Wenn sich aber die zwei Wochen Lieferzeit als acht erweisen, sind Sie wahrscheinlich nicht mehr so erfreut.

Zahlenbedeutungen

In der chinesischen Sprache gibt es viele Homophone, das heißt gleich klingende Wörter, die aber unterschiedliche Bedeutungen haben. So klingt die Vier „si" wie sterben und ist deshalb keine beliebte Zahl. Daneben führt die chinesische Zahlenmystik dazu, dass man bestimmten Zahlen auch eine bestimmte Wirkung zuspricht. So gelten die ungeraden Zahlen als männliche (Yang), die geraden Zahlen als weibliche (Yin)-Zahlen.

Mit der dreimaligen Wiederholung „444" drückt sich vor allem im südchinesischen Kantondialekt eine Kumulation des Unglücks aus. Die Acht hingegen, die wie „Reichtum" klingt, erfährt durch die Dreierkombination eine positive Verstärkung (fa fa fa = reich reich reich). Die Neun ist die Potenz von drei und damit die stärkste der Yang-Zahlen.

Zahlenbedeutungen geschäftlich nutzen

Schauen Sie sich einmal die Werbetafeln an, die in China z.B. für Immobilienfirmen werben. Dort finden Sie oft Telefonnummern wie 888 oder 999. Und natürlich versucht man seinen geschäftlichen Erfolg auch durch Wahl (oder Kauf) von „lucky numbers" abzusichern. Dies bezieht sich auf Telefonnummern wie auch auf Autokennzeichen. Sollten Sie in Ihren Produktnummern also eine 444 haben, so ändern Sie diese am besten. Und ein Vertriebsmitarbeiter, der am 8.9.88 geboren ist, sollte das in jedem small talk erwähnen...

Anders rechnen

Große Irritationen löst auch manchmal die Art aus, wie man größere Zahlen in China ausdrückt. Bis zur Zahl „zehn" ist es wie bei uns. Aber dann heißt es

11 = 10 + 1

20 = 2 x 10

21 = 2 x 10 +1

4000 = 4 x 1000

60.000 = 6 x 10.000

Und eine Million heißt schlichtweg 100 x 10.000.

So zählt man in Indien

Immer wieder sorgen Angaben wie „Lakh" und „Crore" für Verwirrung. Trotz aller westlichen Einflüsse rechnet man weiterhin mit indischen Mengenangaben.
Ein lakh ist 100.000. Ursprünglich bedeutet das Wort eine unüberschaubare Menge. Ein crore sind 10 Millionen.
Zusätzlich muss man die von der internationalen Zifferngruppierung abweichende Schreibweise gewöhnen. Hunderttausend wird in Indien 1,00,000 geschrieben und 1 Crore als 1,00,00,000.
Beachten Sie bitte: 10 lakhs sind 1 Million. 10 crores entsprechen 100 Millionen.

Von Unterschieden profitieren

Wie schon am Beispiel des Mitarbeiters mit dem „glücksbringenden" Geburtsdatum gezeigt: wenn Sie über Zahlenkombinationen verfügen, die für Ihren asiatischen Geschäftspartner etwas Positives ausdrücken, so sollten Sie in Verhandlungen etc. auch explizit darauf verweisen. When in Asia do as the Asians do.

8. Gesundheitsvorsorge Asien – das sollten Sie bedenken

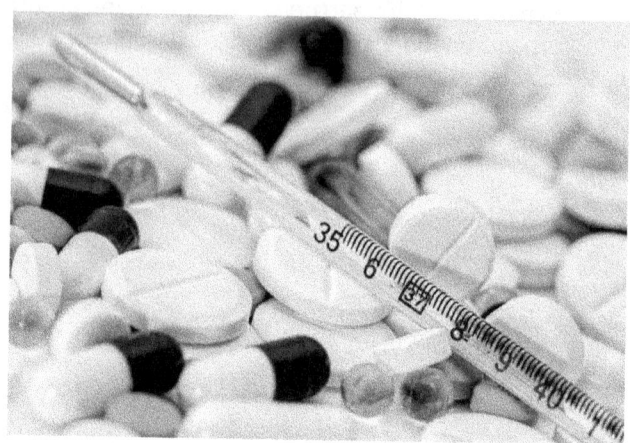

Ob man zum ersten Mal nach Asien reist, als Auslandsentsandter eines Unternehmens längere Zeit dort leben wird oder ob man vielleicht als erfahrener Asientraveller einmal gesundheitliche Probleme hatte: Die Frage nach der geeigneten Gesundheitsvorsorge ist ein wichtiges Thema. Wie soll man vorbeugen? Welche Medikamente sollte man mitnehmen?

Wohin werden Sie reisen?
Je nachdem, wohin Sie in Asien reisen werden, sollten Sie einige Überlegungen zur Gesundheitsvorsorge anstellen. Natürlich ist es ein Unterschied, ob Sie nun geschäftlich oder im Rahmen eines Abenteuertrips unterwegs sind.
Wenn Sie sich auf einer Geschäftsreise befinden, werden Sie große Städte besuchen und in Hotels mit europäischem Standard wohnen. Das ist etwas völlig anderes, als wenn Sie sich im Urwald von Borneo bewegen.

Müssen Sie Ihre Basisimpfungen auffrischen?
Grundsätzlich gilt: Prüfen Sie, ob Sie Ihre Basisimpfungen (Wundstarrkrampf, Kinderlähmung etc.) auffrischen müssen. Wenn Sie nach Indien reisen, sollten Sie zusätzlich einen Schutz gegen Hepatitis A und B haben.
Ansonsten kommt es mehr auf Ihre persönliche Entscheidung an. Ich halte Impfungen gegen Typhus, Cholera oder eine Malariaprophylaxe in den meisten asiatischen Ländern für überflüssig. Europäer haben meist ein gutes Immunsystem. In diesen Fragen jedoch muss jeder für sich entscheiden. In den Unternehmen bietet man auch häufig medizinische Beratung und Unterstützung in diesen Fragen an.

Die Reiseapotheke

Lassen Sie sich von einem Apotheker eine kleine Notfallapotheke für den Ernstfall zusammenstellen. Dahinein gehören so banale Dinge wie (Kopf-)Schmerztabletten, Mittel gegen Durchfall, Pflaster oder Desinfektionssprays. Und wenn es Sie beruhigt, denken Sie auch an ein Breitbandantibiotikum.

Die banalste Gefahr

Es gibt eine sehr banale Gefahr, an die meist nicht gedacht wird und das sind die Klimaanlagen! In vielen asiatischen Ländern kühlt man die Räume auf Temperaturen um die 20 Grad und darunter. Und wenn Sie verschwitzt von Außentemperaturen um die 30 Grad in ein solches Umfeld kommen, droht Erkältungsgefahr! Deshalb gilt: Denken Sie an diese Bedingungen bei der Wahl Ihrer Kleidung. Ich empfehle weiblichen Reisenden immer, eine wärmende Stola oder ein Jackett einzupacken und natürlich (im geschäftlichen Umfeld) Strümpfe zu tragen. Nehmen Sie auch Medikamente gegen Hals- oder Kopfschmerzen mit. Hilfreiche Mittel gibt es oft auch vor Ort, wie zum Beispiel das Tiger Balm Oil oder Ginseng-Produkte.

Hilfe im Notfall

Sollten Sie tatsächlich einmal ärztliche Hilfe benötigen, dann können Sie sich in vielen Ländern darauf verlassen, dass Sie fachkundig versorgt werden. In extremen Notfällen erreichen Sie in den südostasiatischen Ländern schnell die renommierten Kliniken in Singapur. Ausreichende medizinische Hilfe zu bekommen, ist jedoch in vielen Ländern Asiens eine Frage des Geldes. Oft müssen Sie im Krankenhaus vor der Behandlung bezahlen. Die Höhe der Beträge wird für Sie kein Problem sein –

allerdings ist es das für viele asiatische Menschen, die sich deshalb kein Krankenhaus leisten können.

Denken Sie an asiatische Heilmethoden

Grundsätzlich möchte ich Ihnen empfehlen, auch an die Hilfe durch asiatische Heilmethoden zu denken. Fragen Sie Ihre asiatischen Kollegen, welche Ärzte sie Ihnen empfehlen können. Oft zeigen Behandlungsmethoden aus der traditionellen chinesischen Medizin (TCM), Akkupunktur oder entsprechende Medikamente sehr gute Erfolge. Dies gilt vor allem, wenn es sich um Erkrankungen wie Schnupfen, Erkältungen (Klimaanlagen!) oder Magenverstimmungen handelt. Einige meiner Kunden berichten von Linderung oder sogar Heilung bei Neurodermitis durch Medikamente aus der TCM.

Was kann ich bedenkenlos essen oder trinken?

Die Regel: "Cook it, boil it, peel it or forget it" (koch es, brat es, schäl es oder vergiss es) hilft, sich vor der unliebsamen Diarrhoe zu schützen. Trinken Sie kein Wasser aus der Wasserleitung des Hotels, sondern Mineralwasser. Trinken Sie jedoch insgesamt viel. Dies ist nicht nur aufgrund der zuweilen hohen Temperaturen erforderlich, sondern unterstützt Ihre Abwehrkräfte. Zudem fördert es Ihre Konzentrationsfähigkeit bei Verhandlungen. (Grüner) Tee ist eine ausgezeichnete Alternative zu Wasser.
Ungewohnte Speisen bzw. die darin enthaltenen Gewürze verursachen bei manchen Menschen Durchfall, weshalb viele Westler dann die scharfen Gerichte meiden und auf die europäische Kost der großen Hotels ausweichen. Bitte denken Sie daran, dass gerade Gewürze wie Chili, Knoblauch, Ingwer und weitere Aromen oft die besten Bakterienkiller, Lieferanten von Vitamin C und damit der beste Schutz sind! Der Verzehr westlicher Speisen (Wiener Schnitzel in den Restaurants internationaler Hotels) birgt oft weitaus größere Gefahren, wenn das Fleisch zum Beispiel unsachgemäß gelagert wurde.

Denken Sie an die Psychologie

Auch in Bezug auf die gesundheitliche Vorsorge und das individuelle Befinden gilt: Gewonnen und verloren wird zwischen den Ohren! Wenn Sie Angst vor Ansteckungen und Krankheiten haben, macht Sie das anfälliger und labiler als wenn Sie zuversichtlich in Bezug auf Ihre körperlichen Abwehrkräfte sind. Aber noch einmal: Sie kennen sich und Ihren Körper am besten, entscheiden Sie für sich!

Geschichten, die das Leben schreibt

In Indien traf ich einmal eine deutsche Vertriebsmitarbeiterin, die mir stolz erzählte, wie umfassend sie sich mit Hilfe von Impfungen und Medikamenten schützt. Sicherheitshalber vermied sie es auch, den Geschäftspartnern die Hand zu schütteln. Ihr Koffer enthielt zahlreiche Flaschen mit Coca-Cola, weil sie auch hier absolut sichergehen wollte. Trotzdem sah sie nicht gerade glücklich aus und jammerte über ihren gesundheitlichen Zustand. „Aber was haben Sie denn, Sie können doch gar nicht erkranken!", sagte ich zu ihr. „Ja", entgegnete sie kleinlaut. „Aber jetzt habe ich Verstopfung."

9. Wie Sie Mimik und Gestik Ihrer asiatischen Partner richtig deuten

Aus unserer eigenen Kultur wissen wir, dass Kommunikation nicht nur aus verbalen Botschaften besteht, sondern dass sie in ihrer Bedeutung immer eingebettet ist in Mimik oder Gestik. Was bedeuten bestimmte nonverbale Botschaften bei Ihren asiatischen Partnern?

Anlachen oder auslachen?

Dass das Lächeln und Lachen Ihrer asiatischen Partner viel mehr bedeuten kann als Freundlichkeit und Zustimmung, lernt man mit der Zeit. Eine scheinbar freundliche Miene kann auch Ausdruck von Scham, Angst, Verlegenheit oder Ärger sein. Wichtig ist: Fühlen Sie sich nicht ausgelacht, auch wenn Sie den Grund der Heiterkeit nicht erkennen!

Ja oder nein?

Indienerfahrene westliche Menschen wissen auch, dass das scheinbare Kopfschütteln (eher: ein Verschieben des Kopfes nach rechts und links) nicht „ja" bedeutet, sondern „ich höre zu", „ich bin mir nicht sicher" bis hin zu „nein".

Schlafen die jetzt alle?

Was westliche Geschäftsreisende in Japan, Korea, aber auch China zuweilen irritiert, ist die Tatsache, dass ihnen ihr Partner mit geschlossenen Augen gegenübersitzt. Manchmal kann man das auch beobachten,

wenn Asiaten einem Vortrag lauschen. „Schlafen die jetzt alle?" ist dann oft die erste Mutmaßung auf westlicher Seite. Und wenn dies einem besonders rabiaten westlichen Referenten passiert, dann kann der schon mal vor versammelter Zuhörerschaft mit der Faust auf das Pult schlagen. „Ich bin nicht 10.000 km geflogen, damit Sie mir etwas vorschlafen!". Solche Erlebnisse gehören zu meinem reichen Erfahrungsschatz der letzten 35 Jahre...
Zur Erklärung: Die geschlossenen Augen auf Seiten der Zuhörer signalisieren höchste Aufmerksamkeit und Konzentration! Man möchte sich durch nichts von Ihrer Rede ablenken lassen! Es ist damit Ausdruck höchster Wertschätzung!

Power Napping

Natürlich kann es trotzdem passieren, dass Ihre asiatischen Partner beim Zuhören oder in Verhandlungen mal ein kleines Nickerchen machen. Das merken Sie aber, denn dann sinkt der Kopf wirklich auf die Brust und auch der Atem klingt tiefenentspannt.

Gesten in China

Hier auch ein paar Erklärungen für Gesten in China, die meine Kunden manchmal verunsichern.

Was bedeutet es, wenn Ihre chinesischen Partner

- mit drei Fingern auf den Tisch klopfen?
  Man bedankt sich, dass Tee nachgeschenkt wurde.

- sich mit der Hand an der Wange kratzen?
  Der andere soll sich schämen.

- jemandem anderen an den Kopf tippt?
  Dein Kopf ist hohl wie eine Trommel". Du bist ein Dummkopf.

- mit dem Finger an die Stirn tippt?
  „Da hätte ich daran denken müssen!"

Offener oder verhaltener Blickkontakt?
Immer wieder stellt sich auch die Frage, wie intensiv der Blickkontakt zwischen westlichen und asiatischen Verhandlungspartnern sein soll. Dazu ein grundsätzlicher Hinweis. Ein direkter und offener Blick, der im Westen Offenheit, Aufgeschlossenheit, Ehrlichkeit signalisieren soll, ist asienweit nicht üblich. Natürlich sieht man sich bei der Begrüßung an, oft senken Asiaten dann aber auch wieder die Augen, vor allem wenn es Frauen sind. Einen konstanten Augenkontakt empfindet man in Asien oft als anzüglich bis hin zu aggressiv.

In bester Absicht falsch verhalten
Manchmal führen unterschiedliche Bedeutungen von Körpersprache im interkulturellen Miteinander ungewollt zu Irritationen und Verärgerung. Das möchte ich Ihnen am folgenden Beispiel erläutern.
Ein italienisches Luxusrestaurant arbeitete mit einem japanischen Partner zusammen. Es gab immer wieder Austausch von Köchen oder Servicekräften. Der „Klassiker" der Missverständnisse bezog sich auf die Vorstellungen darüber, wie Bedienungen angemessen und höflich mit den Gästen umgehen sollten. Die japanischen Bedienungen senkten in Italien immer den Kopf, sahen die Gäste nicht an und redeten auch nicht mit ihnen. Diese empfanden das als wenig herzlich und beschwerten sich über diese - ihrer Meinung nach - unhöfliche Verhaltensweise.
Gäste in Japan hingegen fühlten sich unwohl und unangenehm bedrängt, wenn der italienische Kellner den Blickkontakt suchte und vielleicht auch noch eine Konversation über das Essen begann. In beiden Fällen möchten die Servicekräfte alles richtigmachen und beleidigen unabsichtlich die Gäste.

2. Hier stehen die Hintergründe im Vordergrund: Ein Blick hinter die Kulissen asiatischen Verhaltens

10. Schubsen, Drängeln, Übervorteilen – warum sind viele Chinesen nur so unhöflich?

Viele westliche Menschen fahren mit der Erwartung nach Fernost, dass sie dort auf immer lächelnde und höfliche Menschen träfen. Sanftmütig seien sie, zurückhaltend und bescheiden. Bereits nach Ankunft im Flughafen chinesischer Großstädte sind Erstreisende oder auch Asienerfahrene oft entsetzt. Da wird gedrängelt und geschubst, um zum Beispiel als erster an den Koffer bei der Gepäckausgabe zu kommen.

So viel Dreistigkeit!
Eine Begegnung in Taiwan. Vor einer Damentoilette eine Reihe geduldig wartender Frauen aus dem Westen, aber auch aus Asien. Von hinten kommt plötzlich eine Festlands-Chinesin angerast, drängelt sich entschlossen und in hohem Tempo nach vorne, und verschwindet in die erste freiwerdende Toilette. Die Frauen in der Warteschlange reagieren verdutzt, verärgert, fassungslos. Wie kann es so viel Dreistigkeit geben! „Also mich werden die (gemeint waren die Festlandschinesen) bestimmt nie sehen!", war die Schlussfolgerung einer deutschen Touristin.

Es herrscht das Recht des Stärkeren

Nahezu alle, die nach China reisen, können von solch rücksichtslosem und rüdem Verhalten in der Öffentlichkeit berichten. Ein empörter Kunde erzählte mir, dass sein Taxifahrer in China sogar einen Notarztwagen ausgebremst habe, um selbst schneller voran zu kommen. Im Straßenverkehr wird sichtbar: Es herrscht das Recht des Stärkeren. Wenn etwa ein Unfall passiert, kann es sein, dass sich niemand um die Opfer kümmert.

Die chinesische Logik in diesem Fall lautet: Einerseits könne man durch Hilfe den Verdacht erwecken, den Unfall selbst verursacht zu haben, und demzufolge aus schlechtem Gewissen zu handeln. Zum Zweiten läuft der Helfer Gefahr, bei der Einlieferung des Verletzten ins Krankenhaus die Vorauszahlungen der Behandlungskosten übernehmen zu müssen.

...und die Kehrseite: Gastfreundschaft, Anteilnahme, Fürsorge

Das alles ist auch deshalb so irritierend, weil man parallel dazu häufig völlig andere Erfahrungen macht. Innerhalb einer Arbeitsgruppe oder mit Geschäftspartnern erlebt man als Westler ein fürsorgliches und zugewandtes Verhalten. Man fragt, wo man gute Kochmesser kaufen könne – und am nächsten Tag bringen drei Kollegen ein solches Messer mit, ohne dass sie dafür Geld nehmen. Man wird selbstverständlich am Flughafen abgeholt und nahezu 24 Stunden umsichtig betreut. Natürlich darf man die Rechnung beim Essen nicht zahlen. Und dann wieder die Rücksichtslosigkeit zwischen Fremden im öffentlichen Raum. Wie geht das zusammen?

Die Antwort: Die Struktur der konfuzianischen Gesellschaft

Die Antwort darauf liefert uns ein Blick auf die Struktur und Denkweise konfuzianischer Gesellschaften. Das soziale Miteinander ist strukturiert durch eine Vielzahl sozialer Einheiten (chinesisch: Danwei). Die eigene Familie, das Unternehmen, für das jemand arbeitet, die Schule, die Universität, der Golfclub, letztlich das Herkunftsland, sind hier zu nennen. Dies alles sind soziale Einheiten, in denen der Einzelne Verpflichtungen gegenüber einer Gruppe und deren Mitgliedern hat. Auf dieser Ebene ist das Miteinander geprägt durch Rücksicht, Verantwortung, Höflichkeit, gegenseitige Hilfe. Außerhalb dieser Danweis oder sozialen Gruppen hingegen herrschen ganz andere Regeln. Hier geht es um die Durchsetzung des eigenen Vorteils.

Uchi und Soto in Japan

Auch in Japan oder Korea, die ebenfalls zum konfuzianischen Kulturkreis gehören, unterscheidet man in den Verpflichtungen klar zwischen Innen (uchi) und Außen (soto). Absolut legitim ist es zudem, dass sich die Mitglieder bestimmter Unternehmens-Danweis mit allen Mitteln bekriegen. Das kann man dann beobachten, wenn am Morgen die Belegschaft von Mitsubishi martialisch brüllt „Unser Kampf gilt Honda!".

Keine anonyme Nächstenliebe

Noch einmal: Die Idee der christlichen Nächstenliebe ist im Konfuzianismus unbekannt. Zwar fordert auch das konfuzianische Wertesystem, das Prinzip der Menschlichkeit („ren") im sozialen Miteinander zu beachten. Aber dies gilt eben nur im Bezugsrahmen einer bekannten Gruppe.
Für westliche Menschen sind diese unterschiedlichen Verhaltensweisen in unterschiedlichen Kontexten meist nicht nachvollziehbar. Mehr noch: man empfindet sie als ungehörig und schockierend. „Die haben einfach keine Manieren!", urteilen dann Europäer oder Amerikaner.

Irritierende Erfahrungen

Und Sie können sich vorstellen, wie sich ein Kunde von mir fühlte, als er einen langjährigen japanischen Geschäftspartner auf dem Flughafen traf und freundlich grüßte. Dieser reagierte in keinster Weise, ging grußlos weiter und ließ einen perplexen Deutschen zurück. Der Japaner hatte die Firma gewechselt. Damit gehörte er zu einer neuen sozialen Gruppe und „kannte" den ehemaligen Partner nicht mehr.

Nicht alles ist kulturell bedingt

Trotz aller kulturellen Unterschiede kann es natürlich auch an der jeweiligen Persönlichkeit eines Menschen liegen, wenn er ein bestimmtes Verhalten zeigt. Wie sagte mein früherer Chef immer? „Denkt immer daran: Jenseits aller kulturellen Prägungen gibt es einfach zwei Prozent Idioten in jeder Gesellschaft."

11. Was sind eigentlich Guanxi?

Asienerfahrene wissen es: In Fernost spielen die guten Beziehungen zwischen den Geschäftspartnern eine große Rolle. Was aber genau steckt hinter dem chinesischen Begriff „guanxi", bei uns gemeinhin (unzureichend) mit „Beziehungen" übersetzt? Können westliche Akteure überhaupt ein funktionierendes Netzwerk aufbauen? Und wie sollten sie es pflegen?

Guanxi - mehr als eine Mitgliedschaft bei Linkedin oder Xing

Sind Sie Mitglied in den geschäftlichen Netzwerken Linkedin oder Xing? Dann werden Sie schnell feststellen, dass die überwiegende Zahl der Teilnehmer dort allenfalls mit einer Art „Visitenkarte" präsent ist. Anfragen werden nicht beantwortet, Verlinkungswünsche ohne Kommentar und folgenlos bestätigt. Es kann auch passieren, dass man Sie empört darauf hinweist, nicht von Ihnen belästigt werden zu wollen. In Bezug auf das socialNETwork müssen wir noch ein wenig üben.

Guanxi - wechselseitige Verpflichtungen

Ganz anders sieht das in Asien aus. Guanxi bedeutet konkret ein verbindliches und wechselseitiges Geben und Nehmen. Haben Sie schon einmal beobachtet, wie viel Ihre chinesischen Gäste bei einem Deutschlandbesuch einkaufen? Viele Menschen zu Hause müssen bedacht werden. Guanxi ist auch eine Absicherung gegen alle möglichen Hindernisse. Da es um die Vertragssicherheit meist nicht gut bestellt ist, die persönliche Sicherheit z.b. in China nicht selbstverständlich gewährleistet ist, muss der Einzelne ein eigenes Sicherheitsnetz und Sprungtuch knüpfen.

Guanxi im Geschäftsleben

Gute Beziehungen (auch zu Verwaltung oder politisch einflussreichen Kreisen) sind oft der einzige Weg, um überhaupt einen Marktzugang zu erhalten. Sie helfen beim Finden qualifizierter Mitarbeiter. Über sie kann man Informationen über den Ruf des potenziellen Geschäftspartners erhalten. In Krisensituationen können sich Guanxi-Partner als Mediatoren oder problemlösende Kraft erweisen.

Können westliche Geschäftspartner ein eigenes Guanxi-Netz aufbauen?

Einfach ist es sicher nicht und auch zeitaufwändig. Aber wenn Sie gute Geschäftsbeziehungen haben, kann dies der Anfang sein. Pflegen Sie Ihre Kontakte, indem Sie zu Feiertagen oder zu persönlichen Anlässen Grüße und Glückwünsche schicken. Stehen Sie mit Rat und Unterstützung zur Verfügung, wenn die Kinder Ihrer Geschäftspartner eine geeignete Hochschule in Deutschland suchen. Finden Sie heraus, wie Sie Ihren Partnern über das geschäftliche Thema hinaus einen Gefallen tun können. Sie werden feststellen, dass Sie einen verlässlichen und treuen Partner gewinnen, der Ihnen ebenfalls Unterstützung gewährt.

Guanxi – in China eine sehr materielle Angelegenheit

An einem Beispiel aus China möchte ich Ihnen zeigen, dass Guanxi auch eine sehr materielle Seite hat. Angela Koeckritz beschrieb dies in einem Artikel in DIE ZEIT vom 6. März 2014, S.10:

„Ein wichtiges Ritual des chinesischen Alltags ist die Beziehungspflege, dazu gehören Geschenke, Aufmerksamkeiten, in rote Kuverts verpacktes Bargeld. Und diese Geschenkekunde ist vor allem in der Provinz, wo man sich kennt, eine hochkomplexe und teure Angelegenheit. So gibt die Cousine von Fu Daren für Geschenke jährlich umgerechnet fast 4740 Euro aus, das ist die Hälfte ihres Jahresbudgets. Selbst Menschen, die sie nur flüchtig kennt, muss sie 200 Yuan (ca. 23 Euro) zum Geburtstag schenken. Der Chef erhält zu solchen Anlässen mindestens 1000 Yuan (ca. 118 Euro). Es gibt unzählige Verpflichtungen. Hochzeiten, Begräbnis, Neujahr, der einmonatige Geburtstag eines Neugeborenen, der Eintritt in die Hochschule. Das ist nur ein Teil der Ausgaben in der Familie, denn der Ehepartner muss sein Beziehungsgeflecht analog pflegen."

(Aus: Seelmann-Holzmann, Der Asiencode. Die geheimen Spielregeln im Asiengeschäft kennen und nutzen. 2014)

Trotz Compliance Regeln: Beziehungspflege ist die Basis für Vertrauen

Wir wissen, dass diese Praxis schon durch die Compliance Regeln in den Unternehmen bei uns offiziell verboten ist. Aber auch, wenn Sie bei kleinen Geschenken die Vorliebe Ihres Partners berücksichtigen, ist das ein wichtiger Beitrag zur Beziehungspflege.

12. Lachen die mich jetzt an oder aus?

Viele Asienreisende erleben, dass die Menschen viel mehr lächeln und lachen als wir. Thailand nennt man sogar „Land des Lächelns". Wir empfinden das als sehr angenehm, denn auch bei uns heißt es ja, ein Lächeln sei die kürzeste Verbindung zwischen zwei Menschen. Allerdings gibt es in Asien auch oft Situationen, in denen wir uns fragen: Lachen die mich jetzt an oder aus?

Geschichten, die das Leben schreibt
Ein junger Mitarbeiter reist das erste Mal mit den Kollegen in die chinesische Niederlassung. Im Büro serviert ihm eine Assistentin eine Tasse Kaffee. Die fällt ihr aus der Hand und sie kippt dem Deutschen den heißen Kaffee über die Oberschenkel. Daraufhin hält sie sich die Hand vor den Mund und kichert.

Schadenfreude oder Verlegenheit?
Wie würden Sie sich in so einer Situation fühlen? Bestimmt fänden Sie die Situation nicht lustig, wären wahrscheinlich verärgert. „Diese dumme Gans! Erst verbrüht sie mich fast mit dem Kaffee und dann lacht sie mich auch noch aus!" So reagierten wohl die meisten von uns. Wir unterstellen dem Anderen Schadenfreude. Und fühlen uns gedemütigt und verletzt.
Doch die Chinesin lacht Sie nicht aus. Sie schämt sich viel mehr so sehr, dass sie am liebsten in den Boden sinken möchte. Und in so einer Situation lacht oder kichert sie.

Asiatische Menschen lachen oft...
Aber auch in Situationen, die wir überhaupt nicht lustig finden, lachen asiatische Menschen. Sie sagen Ihrem Kollegen mal kräftig die Meinung. Der grinst und sagt: „ja, ja". In den Nachrichten hören wir von schweren Erdbeben oder einem Tsunami, wo es tausende von Toten gibt. Dazu sehen wir im Fernsehen einen Mann, der lächelnd vor der Kamera erzählt: „Ja, wir haben alles verloren, alle meine Kinder sind tot". Das sind Situationen, in denen wir uns fragen, warum ein Mensch hier noch lächeln kann.
Ein Kunde erzählte mir, sein japanischer Kollege wollte unbedingt ein Gerät bedienen, das ihm aber dann außer Kontrolle geriet und ihn in große Gefahr brachte. Der Japaner fing an, laut zu lachen.

Lachen ist auch eine Maske
Asiaten lachen oft. Sie lachen, wenn sie sich freuen, wenn sie sich schämen, wenn sie Angst haben oder wenn sie traurig sind. Diese Verhaltensweise, ebenso wie ein freundliches Gesicht, ist eine Maske – um den anderen zu schützen! „Der gebildete Mensch belästigt niemanden mit seinen Gefühlen". Die Logik dahinter: Was bewirke ich, wenn ich den anderen zeige, dass ich traurig bin? Sie werden auch traurig, helfen können sie mir aber sowieso nicht. Warum sollte ich sie also durch meine Gefühle traurig machen?

Lächeln als Zeichen des gebildeten Menschen
„Wer lächelt, statt zu toben, ist immer der Sieger" lautet eine andere Weisheit aus Japan. Schreien und toben in angespannten Situationen ist also keine geeignete Reaktion. Im Gegenteil. Sie beleidigen Ihr Gegenüber zusätzlich, nehmen ihm das Gesicht, verlieren selbst das Gesicht. Man empfindet Sie als ungebildet und unzivilisiert.

Lachen als Abwehr böser Geister
Natürlich können Asiaten westlichen Menschen nicht sagen, sie sollten freundlicher sein, um die bösen Geister abzuhalten. Man will ja nicht als abergläubisch und damit rückständig gelten. Zudem hätten viele Westler keine Hemmung, die Asiaten bei diesem Thema auszulachen. Deshalb fand eine frühere Kollegin von mir eine Erklärung, die eine europäische Frau sofort versteht. „Du hast uns neulich gefragt, warum asiatische Frauen so lange faltenfrei bleiben. Jetzt sag ich dir den Grund: Wenn du lächelst, brauchst du 32 Muskeln, wenn du böse schaust, brauchst du 16 Muskeln. Deshalb lächele mehr! It's the best anti-aging-program!"

Lächeln als Lebenseinstellung
Vielleicht ist auch für uns eine asiatische Lebensweisheit hilfreich, die mittlerweile sogar westliche Wissenschaften proklamieren. Ereignisse haben nur die Bedeutung, die wir ihnen geben. Und viele asiatische Menschen sehen das Glas eher halb voll, als halb leer. „Fully trust", riet mir ein indischer Kollege. „There will always be a good solution".

Meine Empfehlungen
Fühlen Sie sich nicht ausgelacht! Asiatische Menschen lächeln und lachen oft in Situationen, in denen wir das nicht angemessen finden. Aber man lacht Sie nicht aus! Wenn Sie Schadenfreude unterstellen, werden Sie im Asiengeschäft Stress erleben. Den machen Sie sich dann aber selbst – und zwar unnötigerweise!
Lächeln Sie selbst mehr! Dies gilt besonders in angespannten oder kritischen (Verhandlungs-)Situationen. Wenn wir ernst sind, weil wir uns zum Beispiel auf eine Arbeit konzentrieren, werten asiatische Kollegen unseren Gesichtsausdruck als böse – und haben ein schlechtes Gewissen, denn sie suchen die Ursache dafür in ihrem eigenen Verhalten.

13. Warum Übersinnliches und Astrologie in Asien zum Alltag gehören

Im Rahmen meines ersten Forschungsprojektes in Singapur gehörte es zu meinen Aufgaben, die Interviews mit Gesprächspartnern verschiedener Ethnien auszuwerten. Immer wieder hörte ich eine Aussage, zum Beispiel, wenn man die Entscheidung in einer Krisensituation beschrieb: „And then we went to the astrologerla!" Verzweifelt suchte ich im Wörterbuch, was „astrologerla" bedeuten könne. Bis mich eine Kollegin darauf hinwies, dass es sich hier um eine singapurische Kommunikationsart handelte. Das angehängte „la" (zu übersetzen mit „nä" oder „gell") wird oft zur Bekräftigung einer Aussage verwendet. „We went to the astrologer, la!" machte für mich zwar auch keinen Sinn. Aber ich lernte, dass ein Familien- oder auch Firmenastrologe in Singapur ein selbstverständlicher Ratgeber war.

„Glauben die Menschen in Asien wirklich noch an Astrologie?"
Das werde ich oft staunend gefragt. Ja, das ist so. Wir sollten immer daran denken, dass nur in Europa eine Aufklärung stattgefunden hat, die Themen wie Astrologie und ähnliches in den Bereich des vorwissenschaftlichen Aberglaubens verweist. In vielen anderen Teilen der Welt hingegen ist man heute noch von den Einflüssen überirdischer Kräfte und Mächte überzeugt.

Astrologie auch im Geschäftsleben
Viele Ihrer asiatischen Geschäftspartner beschäftigen vielleicht einen Astrologen, der ihnen in wichtigen Entscheidungen zur Seite steht. Ebenso werden Ihre Kollegen einen Arbeitsplatzwechsel oder andere lebenswichtige Fragen mit einem vertrauten Astrologen besprechen.

Demographie und Astrologie?
Am 28. Januar 2016 verbreitete das Mercator Institute for China Studies in Berlin folgende Meldung:
„2015 wurden nach Angaben des nationalen Statistikamts in China 320.000 Kinder weniger als im Vorjahr geboren. Staatliche Prognosen hatten eigentlich eine Million zusätzliche Geburten vorausgesehen... Die Nationale Kommission für Gesundheit und Geburtenplanung hatte auch gleich eine Erklärung parat - aus der Welt des chinesischen Aberglaubens: 2015, das Jahr des Schafes, sei eben ein unglücksbringendes Tierkreiszeichen. Deshalb wären weniger Eltern bereit gewesen, Nachwuchs zu zeugen."

Astrologie ist gesellschaftsfähig
Für mich ist es bei dieser Meldung zweitrangig, ob das Jahr des Schafes nun tatsächlich einen entscheidenden Einfluss auf das Fortpflanzungsverhalten hatte. Viel wichtiger und bezeichnender finde ich, dass das nationale Statistikamt diese Begründung aufführt. Stellen Sie sich bitte vor, das Deutsche Amt für Statistik würde in einer offiziellen Bekanntmachung so eine Ursache verbreiten...

Feng-Shui Wissen wird genutzt
Auch Feng-Shui – die Lehre von Wasser und Wind- erfährt in allen asiatischen Ländern nach wie vor Berücksichtigung, wenn (Firmen-)Gebäude errichtet werden. Dass dies für zum Beispiel chinesische Menschen wichtig ist, wenn sie sich eine Wohnung kaufen, glauben westliche Architekten aber oft nicht und müssen deshalb teures Lehrgeld zahlen.
So errichteten das deutsche Architektenbüro Albert Speer und Partner ein Wohnprojekt in Shanghai, bei dem sie Feng-Shui bewusst nicht berücksichtigten - und verkauften keine der Wohnungen. „Anfangs hoffte ich noch: Shanghai hat 20 Millionen Einwohner. Da werden sich doch ein paar finden, die von ihrem Aberglauben absehen. Das war aber nicht so. Die gibt's nicht!", musste Johannes Deel, Partner und Geschäftsführungsmitglied bei Speer, ernüchtert feststellen.

Was heißt das für uns?

Wenn westliche Unternehmen Geschäftsräume oder Produktionsstätten in Asien errichten, sollten sie sich ernsthaft überlegen, ob sie ihren asiatischen Mitarbeitern oder Kunden nicht entgegenkommen, wenn sie diese Überzeugungen einfach akzeptieren. Was spricht dagegen, einen Fengshui Meister hinzu zu ziehen, wenn es die Menschen dort glücklicher macht? Und dass sogar deutsche Hotels Rücksicht auf die übersinnlichen Wünsche ihrer chinesischen Gäste nehmen, zeige ich Ihnen im Beitrag „Die bösen Geister kommen nach Deutschland".

14. Small Talk in Asien – wichtiger als Sie glauben!

Das gemeinsame Essen und Trinken oder auch Freizeitbeschäftigungen wie Golfspielen gehören in Asien zum wichtigen Bestandteil von Geschäftsbeziehungen. Auf diese Weise will man sich näher kennen lernen. Dabei liefern die Gespräche – im Westen oft etwas abfällig als Small Talk bezeichnet – wichtige und hilfreiche Informationen.

Geschäfte werden zwischen Menschen gemacht

Noch viel stärker als im Westen vertraut man in Asien beim Geschäftsabschluss auf die persönlichen Beziehungen. Sie entscheiden oft darüber, ob man mit dem jeweiligen Partner überhaupt zusammenarbeiten möchte. Gute Beziehungen sind darüber hinaus ein wichtiges Hilfsmittel, wenn es um die Lösung von Problemen oder Vertragsstörungen geht.

Die Hidden Agenda der Geschäftsbeziehungen

Was zwischen den Geschäftspartnern wann und wie besprochen werden darf, gehört zu der Hidden Agenda bei Verhandlungen. Beim Essen oder in der anschließenden Karaokebar kann man Themen erörtern, die in der Verhandlung tagsüber tabu sind. So erfährt man in der inoffiziellen und entspannten Situation oft, wer oder was den Vertragsabschluss blockiert.

Machen Sie den Small Talk zum Smart Talk

Wenn ich meine Kunden auffordere, Fragen zur Lebenssituation ihrer asiatischen Partner zu stellen, höre ich oft: „Aber das ist doch indiskret! Ich will denen doch nicht zu nahetreten!" In Asien wertet man aber Fragen über das Alter, den Familienstand oder das Einkommen – und manchmal sogar über die Blutgruppe – nicht als unverschämte Neugier, sondern als wichtige Informationen und Beweis für Interesse. In Indien sind Auskünfte über die Herkunftsfamilie wichtig, um die Kaste des Gegenübers (nach der man nicht offen fragen darf) erschließen zu können. In China redet man gerne über das Essen. Fußball und Sport sind überall in Asien beliebte Themen. Fragen Sie Ihren Partner, welche Automarke er liebt und welche Hobbys er hat.

Birds of a feather flock together

Wenn Sie während der Gespräche Gemeinsamkeiten feststellen, wird das eine gute Beziehung unterstützen. „Gleich und gleich gesellt sich gerne" heißt das Sprichwort auch in Deutschland.
Da Geschenke in Asien sehr wichtig sind, erhalten Sie durch diese Gespräche auch wertvolle Tipps. Über die firmenüblichen Präsente hinaus wissen Sie nun, womit Sie Ihren Geschäftspartnern oder Kollegen eine Freude machen können und damit deren Herz erreichen. In Asien sagt man: Ein Geschäft ohne Herz ist ein herzloses Geschäft.

Tabuthemen

Persönliche Probleme oder Krankheiten sollten Sie hingegen nicht thematisieren. „Der gebildete Mensch belastet niemanden mit seinen Sorgen", heißt es im Konfuzianismus. Im hinduistischen Indien schließt man sogar auf ein schlechtes Karma. Das kann dann zum Abbruch der Beziehungen führen.
Politik oder Kritik an dem jeweiligen Gastland sind wohl weltweit Tabuthemen. Bitte schimpfen Sie auch nicht über Deutschland oder die Regierung. Erstens versteht man das als Nestbeschmutzung in Asien. Zweitens würde man sich angesichts der wirtschaftlichen und politischen Stabilität der Bundesrepublik sehr über Sie wundern.

15. Warum Chinesen westliche Fußballvereine kaufen – und was wir daraus lernen können

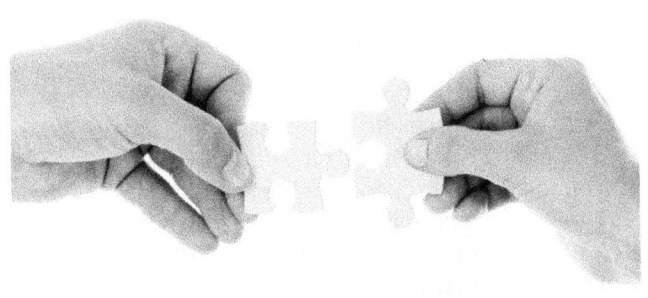

Dass chinesische Investoren verstärkt deutsche und europäische Industrieunternehmen übernehmen, ist keine aufregende Neuigkeit mehr. Warum sich der fernöstliche Kaufrausch aber auch auf die Unterhaltungs- und Urlaubsbranche oder sogar auf Fußballvereine ausdehnt, erscheint auf den ersten Blick nicht erklärbar.

„China kauft Deutschland!"
So schlimm, wie in dieser Zeitungsüberschrift suggeriert, ist es (noch) nicht. Aber immer, wenn namhafte deutsche Unternehmen von chinesischen Investoren aufgekauft werden, fragen sich viele nach den Gründen und vor allem den Auswirkungen dieser Übernahmen. Putzmeister (Betonpumpen), Kuka (Robotik, Anlagen- oder Systemtechnik) oder Krauss Maffei gingen in chinesischen Besitz über. Neben diesen bekannten Namen gibt es viele Übernahmen von kleinen und mittelständischen Firmen, die völlig unbeachtet von der Öffentlichkeit über die Bühne gehen.

Nutzen für chinesische Investoren

All diese Technologieführer bringen den neuen Eigentümern zunächst einmal viel Know-how. Dieses konnten die deutschen Unternehmen übrigens auch mit Hilfe staatlich bezuschusster Forschung aufbauen. Sie bieten hochqualifizierte Mitarbeiter und im Vertrieb den europäischen Marktzugang.

Unterhaltung, Urlaub, Banken

Der chinesischen Beteiligungsgesellschaft Fosun gehört seit August 2016 nicht nur das traditionsreiche Bankhaus Hauck & Aufhäuser. Auch der Club Mediterranée, die Reisefirma Thomas Cook oder das Modeunternehmen Tom Tailor (30 Prozent Anteile) gehören in ihr Portfolio. Fosun-Chef Guo Guangchang ist einer der reichsten Männer der Welt. Laut Forbes hat er 2016 ein Vermögen von rund 6,9 Milliarden Dollar.
Waren Sie schon einmal im Cirque du Soleil? Voila, auch hier sind Chinesen die Eigentümer. Nach Schätzungen der Welt am Sonntag (13.9.2016) hat China im Jahr 2016 mindestens 10 Milliarden € für Unternehmensaufkäufe im Westen ausgegeben.

Und warum Fußballvereine?

Wann immer europäische Erst-, Zweit- oder Drittligisten im Fußball schwächeln: Es streckt sich ihnen eine helfende Hand aus dem Reich der Mitte entgegen. Zu fast 100 Prozent gehört der AC Mailand den Chinesen, nachdem Berlusconi keine Freude mehr an dem Club hatte. Aber auch Vereine wie Aston Villa in England oder französische Clubs wie Olympique Lyon, AJ Auxerre und OGC Nizza kicken bereits für ihre chinesischen Geldgeber.
Die Fans der aufgekauften Vereine sind meist nur erleichtert und begeistert über den neuen Geldsegen. Der Kauf neuer Trainer und Spieler ist oft die letzte Rettung vor weiteren Abstiegen.

Softpower oder ruan shi li

Viele Chinaexperten verweisen darauf, dass die chinesischen Investitionen in den Unterhaltungs- oder Sportbereich von höchster Stelle gewollt und abgesegnet sind. Der Wunsch von Parteichef Xi Jinping ist es, mit diesem Engagement die „weiche Macht" (ruan shi li) oder das Image Chinas im Westen zu verbessern. Die westlichen Medien sollen nicht mehr über Menschenrechtsverletzungen oder Internetzensur berichten. Deshalb hat die politische Führung systematisch analysiert, was im kulturellen Bewusstsein der Europäer und Amerikaner zählt und womit man ein positives Bild Chinas fördern könnte. Zumindest in Europa steht der Fußball dabei ganz oben. Viele der Clubs brauchen Geld oder stehen zum Verkauf. Und China will kaufen.

"Die Wiederbelebung des Fußballs ist die aufrichtige Hoffnung des Volkes"

Die chinesische Nationalmannschaft war bisher nicht sehr erfolgreich. Deshalb soll man sie nach Meinung von Xi Xingping international konkurrenzfähiger machen. Dies erfolgt auch über den Kauf von europäischen Spielern oder Trainern. 260 Millionen Euro hat man dafür schon ausgegeben. Der ambitionierte Stufenplan sieht so aus: China soll die Qualifikation zu einer Fußball-WM schaffen, die WM ins eigene Land holen. Und irgendwann Weltmeister werden.

Von China lernen heißt siegen lernen?

Die Vorgehensweise, die im Bereich der Soft-Power-Entwicklung zu beobachten ist, hat der wirtschaftliche Sektor vorgemacht. Die chinesische Volkswirtschaft ist heute die Nummer zwei in der Welt. Früh war man bereit zu lernen, was den Westen stark gemacht hat. „Geht in den Westen, holt ihr Wissen und schlagt sie mit ihren Waffen!" riet die chinesische Staatsführung ihren Landsleuten in den 90er Jahren. Und das taten sie dann in Scharen.

Machen es westliche Unternehmen ebenso?

Agieren westliche Unternehmen ebenso? Studieren sie die kulturellen oder strukturellen Eigenheiten Chinas, bevor sie dort auf den Markt gehen? Informieren sie sich darüber, was „im kulturellen Bewusstsein der Chinesen zählt?" Leider zeigen viele gescheiterte Investitionen in eine andere Richtung. Dass man zum Beispiel auch im Marketing für die westlichen Produkte oft kräftig danebengreift, können Sie im Interview mit Dr. Andreas Tank lesen.

3. Erfolgreich verkaufen und verhandeln: Damit Sie nicht über den Tisch gezogen werden

16. Die Angst des Verkäufers vor dem Kunden und was Pierre Littbarski dazu zu sagen hat

Verkaufen ist weltweit kein einfaches Geschäft. Ich vergleiche die Mitarbeiter im Vertrieb deshalb mit Spitzensportlern. In vielen Gesprächen haben mir betroffene Kunden erzählt, wovor sie im Asiengeschäft am meisten Angst haben. Hier zeige ich Ihnen, wie Sie sich vor den häufigsten Gefahren schützen können und was der Fußballspieler Pierre Littbarski dazu zu sagen hat.

In bester Absicht scheitern

Beim APEC Gipfel in Peking Mitte November 2014 wollte sich Wladimir Putin als Kavalier zeigen. Zum Schutz gegen die Temperaturen um null Grad legte er der Ehefrau des chinesischen Staatschefs Xi Jinping eine Decke über die Schulter. Was für ein faux pax! Für Chinesen gilt dies als zu vertraute Geste und fast schon als übergriffig. Gut gemeint kann eben auch danebensein.

Ähnliche Situationen fürchten auch Verkäufer im Asiengeschäft am meisten: Dass sie ungewollt, unbewusst und in bester Absicht Fehler machen, den potenziellen Kunden verärgern und damit einen Verkaufsabschluss für alle Zeiten verunmöglichen.

Unsicherheit in der Begrüßung

Dies beginnt bereits in der Begrüßungssituation. Was gilt hier als angemessen? Soll man sich in Asien verbeugen oder die Hand schütteln? Wird hier ein fester Händedruck ebenso als Zeichen für einen entschlossenen und sympathischen Charakter gewertet? Und wie muss ich die Visitenkarten übergeben, damit ich auch hier die Etikette erfülle? Dies alles sind wichtige Dinge, über die man sich vorher informieren kann. Antworten darauf finden Sie auch in diesem Buch.

Unsicherheit in der Verhandlungstaktik

Etikette-Wissen ist wichtig, aber nicht ausreichend. Denn in der konkreten Geschäftssituation geht es ja weiter. Soll ich – wie vielleicht in Deutschland oder in den USA üblich – im Gespräch schnell auf den Punkt kommen, ohne langatmige Schnörkel? Ein Kunde von mir, der bisher nur im Westen verhandelte, erzählte mir, wie sein malaiischer Gesprächspartner sichtbar erbleichte, als er so vorging. Er spürte, dass er etwas falsch machte, aber er wusste nicht, was er hätte tun sollen. Und wie verhalte ich mich nach der Abgabe des Angebotes? Wann und in welchen Zeitabständen soll ich nachfragen? Was bedeutet es, wenn ich keine Antworten auf meine Fragen an den Kunden erhalte?
Die Verkäufer unter den Lesern kennen wohl die Situationen. Und sie wissen auch, wer ihnen hier beisteht.
Niemand.

The blind leading the blind?

Vielleicht hat man Glück und kann sich von erfahreneren Kollegen Hilfe holen. Doch auch hier droht die Gefahr des „the blind leading the blind". Ein Neuling im Indiengeschäft wurde damit beruhigt, dass ihm der ältere Kollege schon sage, wie er sich vor Ort richtig verhalten solle. Er musste dann allerdings erleben, dass dieser in der konkreten Situation auch nur im Nebel stocherte und viele Dinge nicht erklären konnte.

Keine Bitte um Hilfe aus Angst vor Blamage

Werden die Mitarbeiter, die sich mit solchen Fragen quälen, dies zu Hause im Unternehmen zugeben? Meistens nicht. Denn erstens hört man solche Zweifel ja auch nicht von den anderen Kollegen. Alle bewegen sich anscheinend souverän und weltläufig rund um den Globus. Und zweitens setzt man sich ja der Gefahr aus, dass die eigene Kompetenz in Frage gestellt wird, wenn man schon jahrelang in Asien unterwegs ist und nun mit solchen Fragen käme.

Wie kann man sich helfen? Hier ein Tipp von einem erfolgreichen Fußballspieler

Warum haben erfolgreiche Fußballspieler eigentlich überhaupt noch Trainer? Sie haben doch bewiesen, dass sie Spitzenleistungen bringen können. Sie kennen die Antwort von Pierre Littbarski „Ohne Training wird der Häuptling schnell zum Indianer".

Failing to prepare is preparing to fail

Und genau so ist es bei Verkäufern. Auch sie erzielen noch bessere Leistungen und Abschlüsse, wenn sie Fragen auf Antworten erhalten, die sie schon jahrelang bewegen. Das ist jedenfalls das, was ich immer in meinen Firmenveranstaltungen höre: „Sie haben mir endlich Dinge erklärt, auf die ich schon seit 10 Jahren eine Antwort suche!" Oder: „Das hätten wir alles schon früher wissen sollen". Und manchmal erlebe ich auch, dass ein Mitarbeiter aufspringt und sofort zum Schreibtisch eilt, um ein geplantes Mail noch zu stoppen.

Holen Sie sich Hilfe – man misst Sie nur an Ihren Ergebnissen!

Ich appelliere an alle Betroffenen: Formulieren Sie Ihre Bedürfnisse gegenüber den Mitarbeitern in der Personalentwicklung oder Geschäftsführung! Gehen Sie davon aus, dass man Ihre Fragen oft gar nicht kennen kann und somit gar nicht weiß, welche Unterstützung Sie benötigen.

17. Warum harte Jungs und Mädels in Asien scheitern können. Oder: Soft skills sind keine skills für softies

Fragt man bei uns in Deutschland wie der/die ideale ManagerIn sein sollte, hört man häufig: Klar, konsequent, durchsetzungsstark und selbstverständlich ein Ass in seinem/ihrem Fachgebiet. Und dieser Managertyp, so glauben viele, wäre doch auch ideal, um neue Märkte zu erschließen und die Interessen des Unternehmens durchzusetzen. In vielen Ländern mag das gut funktionieren. In Asien sind aber solche Persönlichkeitseigenschaften nicht ausreichend für den geschäftlichen Erfolg. Warum?

Geschäfte werden zwischen Menschen gemacht

Diese Aussage gilt weltweit. In Asien jedoch sind gute Beziehungen zwischen Menschen (und nicht zwischen anonymen Firmen) eine Grundvoraussetzung für den Aufbau oder den Erfolg geschäftlicher Kontakte. Traditionell hat man zuerst geprüft, ob der Geschäftspartner jemand ist, mit dem man auch bei rauer See zusammenarbeiten könnte. „Man traut einem Schiff erst, wenn es sich im Sturm erprobt hat". Deshalb dauert der Aufbau von Geschäftsbeziehungen länger.

Man möchte den potenziellen Partner nicht nur in Verhandlungen kennenlernen, sondern auch beim Essen, beim Karaokesingen oder beim Golfspielen. Wie verhält er sich in angespannten Situationen oder unter Stress? Ist es wahrscheinlich, dass ich auch in schwierigen Konstellationen eine für beide akzeptable Lösung mit ihm erzielen kann? Wird er ein Mitglied in meinem Guanxi-Netzwerk sein?

Soft Skills sind die Schlüsselfaktoren für geschäftlichen Erfolg in Asien

Sie merken, es menschelt. Und damit sind Fähigkeiten nötig, die man auch als Soft Skills bezeichnet. Dabei tauchen zwei Fragen auf:

1. Erfüllen die Mitarbeiter, die für das Asiengeschäft verantwortlich sind, diese menschlichen Anforderungen?
2. Sind sie bereit, ihr Handeln und Verhalten diesen anderen Bedingungen anzupassen? Oder glauben sie, mit ihrem westlichen Arbeits- und Führungsstil auch in Asien Erfolg zu haben? Soziale und interkulturelle Kompetenz sind hier gefragt.

Sozialkompetenz und Kulturkompetenz

Und das hat viel mit Einfühlungsvermögen, Takt und Intuition zu tun. Solche Persönlichkeitseigenschaften hat man oder hat man nicht. Man kann sie nicht lernen wie eine neue Sprache. Noch schwieriger wird es mit interkultureller Kompetenz. Viele glauben ja, ein üppiges Miles & More Konto sei ein Beweis für Kulturkompetenz. „Ich verfüge aufgrund meiner vielen Reisen über interkulturelle Kompetenz!", lese ich manchmal. Sicher nicht! Man erwirbt sie übrigens auch nicht selbstverständlich durch einen Auslandsaufenthalt. Ich kenne viele ehemalige Auslandsentsandte, die in einer abgeschirmten Enklave lebten und mit anderen westlichen Familien ihr westliches Leben in Asien weiterführten.

Kann man die interkulturelle Kompetenz der Mitarbeiter messen?

Wenn nun Soft Skills, wie emotional oder interkulturelle Kompetenz ein wesentlicher Erfolgsfaktor für die Arbeit auf asiatischen Märkten sind, so sollten sie bei der Mitarbeiterauswahl berücksichtigt werden. Und hier scheinen manche Berater ein Zauberkunststück parat zu haben! Sie versprechen, Kulturkompetenz messen zu können! Lassen Sie sich nicht täuschen. Es gibt keine seriöse wissenschaftliche Methode die dies leisten kann. Oder glauben Sie, jemand würde in einem Fragebogen bei der Frage „Sind Sie tolerant gegenüber anderen Meinungen?" ein

„Nein" ankreuzen? In unserer Eigenwahrnehmung sind wir doch alle aufgeschlossen und weltgewandt.

Wichtige Voraussetzungen für die Entwicklung von interkultureller Kompetenz

Andererseits gibt es eine ganz einfache Methode, wie Sie erkennen können, dass Ihre Kollegen oder Mitarbeiter (wahrscheinlich) Kulturkompetenz entwickeln können und damit eine gute Voraussetzung haben, sich auf asiatischen Märkten erfolgreich zu bewegen: Beobachten Sie, wie sich Ihr Mitarbeiter in der eigenen Kultur verhält!

- Redet er lieber (über sich) oder hört er eher zu?
- Übernimmt er einmal (selbstverständlich) eine zusätzliche Aufgabe, wenn Sie gesundheitlich angeschlagen sind oder private Probleme haben?
- Bedankt er sich, wenn Sie ihm einen Gefallen tun oder meint er, das stünde ihm selbstverständlich zu?
- Wie geht er mit anderen Meinungen oder Lebensweisen auch in der eigenen Gesellschaft um?

Sie merken: Soft Skills sind keine Skills für Softies, sondern vielmehr eine wichtige Voraussetzung für den Erfolg auf den asiatischen Märkten.

Stärken stärken!

Und zum Schluss die gute Nachricht: Ich bin immer wieder beeindruckt, wie viele Mitarbeiter in den Unternehmen, ich denen ich arbeiten darf, beste Voraussetzungen auch für die Eroberung asiatischer Märkte mitbringen.

Wenn diese Menschen dann auch noch Hintergrundinformationen zu den Spielregeln der jeweiligen Zielländer erhalten, dann werden Stärken gestärkt.

18. Dem FC Bayern sind in Zukunft die Gegner egal! Was uns das Fußballspielen über Asiengeschäfte lehrt

Schon gehört? Der FC Bayern hat bekannt gegeben, dass man sich ab sofort den Aufwand sparen würde, sich vor einem Spiel mit dem Gegner zu beschäftigen, um dann die Mannschaft darauf taktisch einzustimmen. Grund dafür sei der große Erfolg der Mannschaft in der Vergangenheit. Man wisse nicht mehr, was man noch lernen oder verbessern könne. So werde man es in Zukunft mit jedem Gegner auch ohne Vorbereitung aufnehmen.

Was würden Sie wohl denken, wenn Sie diese Meldung hören?
Sie würden wahrscheinlich ungläubig die Augen reiben und aufgrund eines solchen Vorhabens den Kopf schütteln. Denn der Erfolg einer Spitzenmannschaft liegt doch darin, die Taktik und die Spielzüge des Gegners genau zu kennen.
Deshalb werden Sie auch nie eine solche Meldung vom FC Bayern hören. Leider wird diese Tatsache im internationalen Geschäft häufig nicht berücksichtigt. Denn wie oft höre ich von Firmenvertretern „Wir sind im Markt sehr erfolgreich. Unsere Mitarbeiter benötigen keine Unterstützung im Asiengeschäft. Was können Sie uns schon helfen?"

Erfolgreich sein heißt nicht erfolgreich bleiben
Sie verstehen, dass ich angesichts solcher Sätze immer an das oben zitierte Beispiel denken muss. Ja, viele westliche Firmen erzielen auch in Asien außergewöhnliche Ergebnisse. Aber: Erfolgreich werden, ist schwer. Erfolgreich bleiben, noch schwerer. Was heißt das nun für Unternehmen im Asiengeschäft und damit auf Märkten, in denen zum Großteil völlig andere Spielregeln gelten als im Westen? Ich möchte Ihnen die Folgerungen in drei typischen Situationen schildern.

Erfolg in Europa/USA = Erfolg in Asien?
Wir finden in Deutschland viele Weltmarktführer, kleine und mittelständische Unternehmen, die berühmten Hidden Champions. Aufgrund ihrer Produkte sowie ihrer hochqualifizierten und hochmotivierten Mitarbeiter spielen sie international in der ersten Liga. Leider glauben viele auch, Erfahrungen in Europa oder den USA wären ebenfalls auf die asiatischen Märkte zu übertragen. Deshalb gibt es zu 80% keinerlei Vorbereitung für die Mitarbeiter auf Asien.
Sie merken, ich vermeide den Begriff interkulturelles Training. Denn häufig denkt man dabei an die Übergabe von Visitenkarten oder das richtige Verhalten beim Essen. Darum geht es aber nicht. In der Fußballanalogie ausgedrückt: Man muss einem Spieler nicht erklären, wie man einen Elfmeter schießt oder wie man einen Einwurf macht.

Workshops Asien - mehr als Dos and Dont's
Es geht vielmehr darum, den Mitarbeitern eine spezielle und differenzierte Vorbereitung auf das Spielsystem, die Taktik, das Angriffs- und Abwehrverhalten der asiatischen Geschäftspartner zu vermitteln. Ist diese Einsicht vorhanden, lauert die nächste Gefahr. Die Führungskräfte oder betroffenen Mitarbeiter haben keine Zeit zum Trainieren. Nur ein paar Stunden könnten sie investieren.
Für den FC Bayern hieße das: „Wir treffen demnächst auf Juventus Turin. Wir spielen aber auch in der Bundesliga, deshalb haben wir nur einen halben Tag Zeit, um Spielzüge und Taktik speziell für Juventus zu trainieren."
Jeder von Ihnen weiß, dass ein Trainer eine starke gegnerische Mannschaft oft monatelang beobachtet, um deren Spielzüge zu studieren. Nur so ist man ein ebenbürtiger Gegner.

Asiatische Geschäftspartner spielen in der Championsleague
Jeder, der in Fernost unterwegs ist, weiß: Chinesische, indische, koreanische, japanische Geschäftspartner spielen nicht in der Bundesliga, sondern in der Champions League. Da genügen keine Kenntnisse darüber, wie man in den oberen deutschen Fußball-Ligen trainiert. Erforderlich ist eine Vorbereitung auf deren taktische Spielzüge im Ein- oder Verkauf. Ebenso wie das richtige Verhalten bei Konflikten oder Vertragsstörungen.

Erfahrungen kann man nur bedingt weitergeben
Viele westliche Unternehmen haben bereits langjährige Erfahrungen. Doch wie ist das mit neuen oder jungen Mitarbeitern? „Die werden bei uns von den alten Hasen an die Hand genommen", höre ich oft. Das ist sicher eine unabdingbare Unterstützung. Warum externe Hilfe dennoch sinnvoll sein kann, begründete einmal ein sehr erfahrener alter Hase so: „Etwas gut zu können, heißt noch lange nicht, es gut vermitteln und erklären zu können".
Und die Erfahrungen in einem Unternehmen sammeln sich auch nicht in einer Box über der Eingangstür und werden dann bei Überschreiten der Schwelle über die neuen Kollegen versprüht. Besonders unerfahrene Mitarbeiter sollten deshalb schnell Hintergrundinformationen über die Spielregeln auf den asiatischen Märkten erhalten. Nur so gewinnen sie Sicherheit und gefährden nicht die bisherigen Erfolge. Sie vermeiden kopfloses Spielen und können geplant handeln.

Training heißt Wiederholung
Die Unternehmen sollten zudem dafür sorgen, dass die betroffenen Mitarbeiter regelmäßig Gelegenheit erhalten, ihre Fragen aus dem Alltagsgeschäft zu klären. Denn es werden ständig Situationen auftauchen, die Unsicherheit auslösen.
Einmalige ein- oder zweitägige Veranstaltungen vergleiche ich immer mit einem Rundgang durch ein Fitness-Studio. Man lernt, welche Geräte vorhanden sind. Erfolg wird aber nur eine richtige Nutzung der Geräte bringen. Und da muss man dann häufig an der Haltung am Gerät oder dessen Gebrauch nachbessern.
Nicht anders ist es bei einer sorgfältigen Unterstützung für die Mitarbeiter im Asiengeschäft. In zusätzlichen, regelmäßigen Workshops können sie ihre Vorgehensweisen optimieren. Und zudem sind solche Trainingseinheiten eine gute Gelegenheit, von den Erfahrungen der anderen Kollegen zu lernen.

19. Warum Erfolg oft blind macht. Hohe Ambitionen führen nicht immer zum Erfolg in Asien

Ein Interview mit Dr. Hans-Georg Häusel

Dr. Hans-Georg Häusel ist Diplompsychologe und Vordenker des Neuromarketings. Er zählt international zu den führenden Experten in der Marketing-, Verkaufs- und Management-Hirnforschung. Auch das Thema Cultural Neuroscience gehört zu seinem Themengebiet. Dabei geht es um die Frage, inwiefern sich kulturelle Prägungen im menschlichen Gehirn auswirken. In diesem Interview zeigt er uns, welche Menschen sich im internationalen Business und speziell im Asiengeschäft bewegen. Freuen Sie sich auf interessante Einblicke!

Herr Dr. Häusel, wie würden Sie die Persönlichkeit von Menschen im internationalen Geschäft beschreiben?

Um international erfolgreich zu sein, müssen die Mitarbeiter natürlich über die entsprechenden Fachkenntnisse verfügen. Daneben spielen aber bestimmte Persönlichkeitseigenschaften ebenfalls eine wichtige Rolle. Wenn wir uns einmal die drei großen Emotionssysteme bei Menschen ansehen, dann finden wir:

- Erstens die balance-geleiteten Menschen. Sie suchen nach Sicherheit und Stabilität und verfügen über Fähigkeiten wie Empathie, Fürsorge und hohen sozialen Bezug oder Engagement. Sie schätzen menschliche Wärme und bevorzugen ein bewahrendes und konservatives System.
- Zweitens Menschen mit hoher Stimulanzausprägung. Sie sind neugierig, offen, lernen gern ständig weiter, möchten neue Erfahrungen machen.
- Drittens dominanzgesteuerte Menschen. Bei ihnen stehen Leistung, Erfolg, Durchsetzungswillen, bis hin zum Egoismus im Vordergrund.

Man wird schnell erkennen, dass man unter internationalen Führungskräften meist Menschen mit hoher Dominanz-Ausprägung und mittlerer Stimulanz-Ausprägung findet. Sie suchen die Herausforderung und den Erfolg; gleichzeitig sind sie auch offen für neue Erfahrungen.

Auf dem internationalen Parkett – auch in Asien – gibt es aber viele Mitbewerber. Welche Hilfe und Unterstützung brauchen unsere Fachkräfte, damit sie auch auf fremden Märkten erfolgreich bleiben?

Lassen Sie mich das mit einem Bild aus der Jagd erklären: Ein guter und erfolgreicher deutscher Jäger kennt den deutschen Wald. Er weiß, welche Tiere und Pflanzen dort vorkommen und wie man sich darin sicher bewegt. Nun wird dieser Jäger in den chinesischen Dschungel geschickt. Glauben Sie, dass er ohne Vorbereitung und Training ebenso erfolgreich ist, wie in Deutschland? Nie und nimmer!
Der chinesische Dschungel hat andere Gesetze als der deutsche Wald. Die Tiere sind anders, ihr Verhalten ist anders und die Gefahren sind größer. Wenn unser deutscher Jäger ohne gründliche Vorbereitung da reingeht, ist die Gefahr groß, dass er vom Tiger gefressen wird.

Meine Erfahrungen zeigen, dass nur wenige westliche Mitarbeiter eine solche Vorbereitung oder Unterstützung erhalten. Was sind die Gründe dafür?

Da möchte ich an mein obiges Beispiel anknüpfen. Viele Manager und Managerinnen, aber auch Personalverantwortliche, die zum Beispiel für die Expatriate-Vorbereitung zuständig sind, kennen nur den westlichen Wald. Sie können sich zunächst einmal gar nicht vorstellen, dass ein Wald anderswo anders funktioniert.

Dann hat man ja aus dem bekannten Wald schon viele Jagdtrophäen heimgebracht. Dies wiederum erhöhte das Selbstbewusstsein, das Selbstvertrauen. Vergangene Erfolge beruhigen und machen vor allem blind für Gefahren.

Diese beiden Faktoren führen dazu, dass man auch unbeschwert in den Dschungel aufbricht, nach dem Motto „Wald bleibt Wald". In der Folge muss man dann im neuen Terrain oft erst einmal eine hochgiftige Schlange sehen – manche werden leider auch gebissen – um sich über die neuen Herausforderungen klar zu werden und sich entsprechenden Schutz und Unterstützung zu holen.

Warum fordern die Mitarbeiter diese Unterstützung nicht ein?

Erfolgsverwöhnte Dominanzmenschen haben viele Stärken. Sie haben auch aber oft auch eine große Schwäche: Sie glauben alles zu können und würden nie zugeben oder sich selber eingestehen, dass sie professionelle Unterstützung brauchen. Mit dieser Einstellung bleiben sie jedoch in asiatischen Märkten ambitionierte Dilettanten. Man strengt sich ungeheuer an – erreicht aber wenig, weil man den kulturellen Hintergrund nicht versteht. Wirkliche Profis dagegen bereiten sich intensiv auf die neue Aufgabe vor und können sich dann sicher und erfolgreich in den asiatischen Märkten bewegen.

20. Produkt- und Markenschutz in Asien: Cogito ergo fake?

Unterschiedliche Interpretationen des geistigen Eigentums gehören aus westlicher Perspektive zu den Hauptschwierigkeiten im China-Geschäft. Das Land gilt mittlerweile als größte Fälschernation der Welt. Aber auch in Indien und anderen asiatischen Märkten kann man nicht sicher sein, dass die internationalen Richtlinien zum Produkt- oder Markenschutz eingehalten werden. Wie immer ist es spannend, wie asiatische Menschen über dieses Thema denken. Ich möchte Ihnen deshalb hier einmal die chinesische Sichtweise darstellen.

„Wo sollen die Ideen herkommen, wenn wir sie nicht stehlen?"
Dieses Zitat stammt aus der amerikanischen Zeichentrickserie "Die Simpsons" und beschreibt eine häufig anzutreffende Praxis in China. Global Player und mittelständische Hidden Champions müssen erleben, dass ihre Technologie nicht mehr zu schützen ist. Nach Schätzungen des VDMA verursacht Produktpiraterie bei deutschen Maschinen- und Anlagenbauern jährlich einen Schaden von rund acht Milliarden Euro. Dieser Umsatzverlust entspricht, so der Verband, etwa 37.000 Arbeitsplätzen. Vor einiger Zeit hatte ich Gelegenheit, einen Einblick in die Denkweise eines chinesischen Geschäftspartners zu bekommen, der ganz selbstverständlich die Produkte seines deutschen Partners auf dessen eigenen Maschinen imitierte.

Auf die Schultern eines Riesen steigen
Wenn die eigene Größe nicht reicht, stelle man sich einfach auf die Schultern eines Riesen und nutze dessen Größe, sagen die Chinesen. Konkret bedeutet dies, dass man doch nicht selbst langwierig und kostenintensiv Produkte entwickeln muss, wenn das schon ein anderer getan hat. Immer wieder hört man, dass (wie im Westen) die Kopie eigentlich das größte Kompliment sei und dass traditionell in vielen Ländern Asiens geistiges Eigentum nicht als Privatbesitz gilt. Aber mein chinesischer Gesprächspartner verwies noch auf weitere Aspekte.

„Macht es wie das Wasser, passt euch dem Boden an"
Als ich meinem chinesischen Gesprächspartner sagte, dass die unerlaubte Kopie eines Produktes für uns eine Rechtsverletzung, ja Diebstahl, darstelle, wollte er von mir wissen, ob ich Kong-fu-tse (im Westen Konfuzius) oder Lao-tse kenne? Die Lehren dieser Philosophen hätten die Denkweise chinesischer Menschen geprägt. Ein Aspekt dieser Denkweise sei es, dass man sich das Wasser zum Vorbild nähme. Wasser erreiche immer sein Ziel. Es umginge Hindernisse, flösse um Widerstände. Und ein weiteres Lebensprinzip sei das Streben nach Mittelmaß, das Vermeiden von Extremen. Weder zu weich noch zu hart. Im Geschäftsleben bedeute dies: Eine win-win-Situation, die beiden Partnern Vorteile bringe.

Eine win-win-Situation ist nach Meinung vieler Chinesen nicht vorhanden
Nach Meinung meines Gesprächspartners ist in vielen Geschäftsbeziehungen diese win-win-Situation nicht gegeben. China sei immer groß und mächtig gewesen, den europäischen Staaten ebenbürtig. In den vergangenen zwei Jahrhunderten wäre allerdings ein Ungleichgewicht entstanden. Dieses wirtschaftliche Gefälle sei auch zurückzuführen auf die gewaltsame Öffnung Chinas durch den Westen in der Mitte des 19. Jahrhunderts. Der Westen habe sich in China bereichert, viel Geld verdient. Nun wolle China aufholen.
Man habe aber keine 100 Jahre Zeit, um eigene Produkte zu entwickeln. Es müsse alles schnell gehen im Reich der Mitte. Zu diesem Zweck müsse man jetzt die westliche Technologie kopieren oder in Gemeinschaftsunternehmen erlernen. Wenn man dann mit dem Westen technologisch gleichgezogen hätte, würde man auch eigene Produkte entwickeln. Und bis dahin sollten also die westlichen Geschäftspartner von ihren Ansprüchen abrücken.

Offizielle Haltung in China
Mit dieser Sichtweise ist mein Gesprächspartner nicht allein. Auch offizielle Vertreter Chinas formulieren offen eine ähnliche Einstellung. So kommentierte Zhao Xiao, Chefökonom des Departments für makroökonomische Strategie beim Staatsrat Chinas in einem Interview das Thema Produktpiraterie: "Zugegeben: Wir kümmern uns auch nicht so sehr um Copyrights: Das mag man uns vorwerfen, aber so ist es nun einmal."

So ist es nun einmal.

Und nicht nur in China.

Konsequenzen für westliche Investoren
Trotz WTO-Beitritt und nachfolgender Gesetze zum Produktschutz in China muss jedem Anbieter oder Investor klar sein: Es gibt keinen durchgängig funktionierenden Schutz vor Nachahmung in China.
Deutsche Anbieter können sich nur praktisch schützen: Indem sie eben nicht die neueste Technik und alle technischen Unterlagen nach China transportieren. Indem findige Ingenieure praktische Vorkehrungen treffen, die eine Nachahmung erschweren. Ich stelle immer wieder fest, auf welch kreative Lösungen meine Kunden kommen, wenn sie um die grundsätzliche Bedeutung des Problems wissen.

Opfer sind nicht nur die ausländischen Investoren
Dass Fälschungen auch innerhalb Chinas zur Tagesordnung gehören und zuweilen tödliche Folgen haben können, zeigen viele Lebensmittelskandale. Das verseuchte Milchpulver ist hier nur ein besonders drastisches Beispiel. Chinesen prüfen deshalb misstrauisch und aufmerksam, was ihnen ihre eigenen Landsleute anbieten.

Ist die eigene Mutter echt?
„In China kann man sich nur sicher sein, dass die eigene Mutter echt ist". Auch diese Aussage ist mittlerweile überholt. So ist es gängige Praxis unter chinesischen Karrierefrauen, dass diese ihr Kind von einer Leihmutter austragen lassen. Die Einschränkungen einer neunmonatigen Schwangerschaft sind oft nicht mit den Anforderungen einer anspruchsvollen Berufstätigkeit zu vereinbaren.

21. Marken- und Produktschutz in China: Was Sie wissen und beachten sollten

Welche Möglichkeiten gibt es nach Meinung westlicher Experten, um geistiges Eigentum in China zu schützen?

Im Interwiew mit Herrn Thomas Schatz möchte ich diese Frage aus juristischer Perspektive beleuchten.

Thomas Schatz

Mein Interviewpartner
Rechtsanwalt Thomas Schatz ist Global Head of Legal and IP Affairs eines weltweit tätigen Schreibgeräteherstellers. Teil seiner Tätigkeit ist der effektive und kostenorientierte Schutz von Marken und deren Durchsetzung. Er ist seit mehr als 10 Jahren als Referent zu Themen des Schutzes und der Durchsetzung von Marken tätig.

Westliche Unternehmen beklagen immer wieder, dass der Marken- und Produktschutz vor allem in China nicht ausreichend gewährleistet werden kann. Trifft das Ihren Erfahrungen nach zu?

Hier muss man unterscheiden zwischen den Möglichkeiten Marken, Designs und technische Erfindungen in China zu schützen und der Durchsetzung dieser Schutzrechte in der Praxis. Grundsätzlich verfügt China

über vergleichbare Möglichkeiten zum Schutz von gewerblichen Schutzrechten, wobei jedoch immer die nationalen Besonderheiten zu beachten sind.
Aber auch die Durchsetzung dieser Rechte ist möglich. Hier bietet China neben gerichtlichen Verfahren auch Verwaltungsverfahren an, die grundsätzlich eine effektive Durchsetzung ermöglichen würden.

Wenn nach Ihrer Ansicht sowohl der Schutz als auch die Durchsetzung der Schutzrechte in China möglich sind, warum gibt es diese hohe Zahl von Verletzungen durch Produkte aus China?

Dies liegt daran, dass viele Firmen immer noch auf den Schutz ihrer gewerblichen Schutzrechte in China verzichten, dass Erfindungen, neue Designs und Produktkonzepte auf Messen oder Kunden präsentiert werden, ohne diese vorher zu schützen. Zusätzlich beachtet man beim Schutz bzw. bei der Durchsetzung die nationalen Besonderheiten nicht.

Wenn Unternehmen die von Ihnen genannten Punkte beachten, könnten sie das Problem der Produktfälschungen in Griff bekommen?

Unternehmen werden das Problem minimieren, aber nicht zu hundert Prozent lösen können. Einer hundertprozentigen Lösung stehen verschiedene Faktoren entgegen. Dies sind u.a. die Vielzahl von Herstellungsstätten, die Probleme bei der Beweisbeschaffung, der Schutz bestimmter Unternehmen durch die Regierung und mangelnde Qualifikation von Richtern in ländlichen Gebieten - um nur einige zu nennen. Unternehmen müssen eine spezifische Schutz- und Durchsetzungsstrategie für China entwickeln und nicht nur ihre deutsche Strategie kopieren. Eine Kenntnis der chinesischen Kultur und der chinesischen Verhaltensstrukturen ist dabei aus meiner Sicht unerlässlich.

Wagen Sie eine Prognose über die zukünftige Entwicklung?

Das Problem wird immer komplexer werden, da sich die Produktfälschungen über das Internet leichter vertreiben lassen und die Möglichkeiten und Risiken virtueller Welten zunehmen. Unternehmen sollten die neuen Probleme als Herausforderungen begreifen und möglichst schnell kreative Lösungen entwickeln. Wer nicht rechtzeitig agiert, der wird über kurz oder lang verlieren.

22. Wie Sie Ihre asiatischen Gäste bewirten sollten

Erfolgreiche Verhandlungen und gute Geschäftsbeziehungen hängen auch von einem entsprechenden Begleitprogramm ab.
Viele von Ihnen erleben eine aufmerksame Bewirtung durch Ihre Kollegen oder Geschäftspartner in Asien. Deshalb ist immer wieder die Frage, was man als Gastgeber in Deutschland berücksichtigen sollte, damit sich die Besucher aus Fernost wohlfühlen.

Auch die Bewirtung ist Ausdruck von Wertschätzung

Es ist selbstverständlich, dass Sie Ihre asiatischen Gäste am Flughafen persönlich abholen oder das über einen Firmenshuttle organisieren. Gerade nach einem langen Flug ist es eine Erleichterung, wenn man bei der Ankunft bequem ins Hotel gebracht wird. Bei einem Kunden ist so etwas wohl eine Selbstverständlichkeit, aber auch Ihre asiatischen Kollegen sind für einen solchen Service dankbar.

Hotelwahl - möglichst in einer Stadt und zentral

Auch wenn für Sie ein romantisches Schlösschen im Grünen Luxus pur darstellt - Ihre asiatischen Gäste möchten eher in einer (größeren) Stadt und dort zentral oder verkehrsgünstig untergebracht sein. Meist schätzen sie nämlich lebhaften Trubel mehr als die Einsamkeit.
Zudem können sie dann einfacher die vielen Geschenke für die Daheimgebliebenen einkaufen. Knausern Sie auch nicht bei der Wahl des Hotels - vor allem, wenn es sich um einen wichtigen Kooperationspartner handelt. Eine bescheidene Unterkunft nimmt nämlich Ihrem Gast das Gesicht, sprich: Er fühlt sich nicht angemessen behandelt, ja sogar beleidigt.

Die Auswahl von Restaurants

Viele Gäste aus Fernost kennen und schätzen keine Individualgerichte. Zudem sind sie oft von unseren Fleischbergen überfordert. Gleichzeitig möchten sie jedoch die regionalen Spezialitäten probieren.
Eine gute Lösung ist es deshalb, wenn Sie vor dem Besuch eines Restaurants darauf hinweisen, dass Sie mit asiatischen Gästen kommen werden. Man soll die regionalen Gerichte deshalb (möglichst schon etwas vorportioniert) in die Mitte des Tisches stellen, damit sich alle von allem bedienen können.
Denken Sie bitte auch daran, dass Ihre Gäste aus Fernost oft keine Rohkostsalate oder ähnliches mögen. Warme Vorspeisen oder Suppen sind hier besser geeignet.
Und auch die "Häppchen" zum Mittagessen im Unternehmen sollten eher die Ausnahme bleiben.

Chinesische Lokale?

Viele asiatische Lokale in Deutschland -und hier vor allem die chinesischen- haben meist nichts mehr mit ihrem Ursprung zu tun. Besuchen Sie diese also nur im Notfall oder wenn Sie wissen, dass dort auch authentische Küche angeboten wird.
Griechische, spanische oder auch italienische Restaurants sind oft eine bessere Alternative, weil man dort zum Beispiel eine Auswahl von Vorspeisen oder auch Nudelgerichten zusammenstellen kann.

Indische Gäste

Bei jedem Gast aus Fernost sollten Sie auf dessen religiös bedingte Ernährungstabus Rücksicht nehmen. Besonders schwierig jedoch ist die Verköstigung indischer Gäste. Sie sind oft nicht nur Vegetarier, sondern dürfen auch je nach philosophischer Überzeugung auch bestimmte Gemüsesorten nicht essen. Indische Lokale sind in solchen Fällen zu empfehlen.
Und wenn die Gäste für einen längeren Zeitraum hier sind, ist es am hilfreichsten, ihnen eine Unterkunft mit Kochmöglichkeit bereit zu stellen.

Freizeitprogramm

Vor allem, wenn Ihre Gäste etwas länger in Deutschland sind, sollten Sie auch an ein geeignetes Ausflugsprogramm denken. Hierzu finden Sie Tipps im folgenden Artikel.

23. Asiatische Gäste in Deutschland: Tipps für ein Besuchsprogramm

Sie alle haben schon erlebt, wie aufmerksam Sie in Asien von Ihren Geschäftspartnern oder Kollegen umsorgt werden. Ich kenne sogar Fälle, wo die indischen Gastgeber mit ihrem deutschen Besucher in einem Zimmer übernachten. Manchmal erfahren Sie eine Rund-um-die-Uhr Betreuung, was für uns etwas ungewöhnlich ist. Damit der Aufenthalt in Deutschland für Ihre asiatischen Gäste in guter Erinnerung bleibt, möchte ich Ihnen einige Tipps geben.

Besuchsprogramm

Der Besuch von mittelalterlichen Städten und Burgen, mit denen Deutschland aufgrund seiner Geschichte so reich gesegnet ist, begeistert nicht alle asiatischen Gäste. Ihre Geschäftspartner aus Korea und Japan mögen das noch spannend finden.
Chinesen hingegen sind mehr an den Zeugnissen des High-Tech-Standortes Deutschland interessiert.
An erster Stelle stehen hier die Tempel der verschiedenen Automobilhersteller. Ob ein Besuch in der BMW Welt in München, des Porsche Museums in Stuttgart oder der VW Autostadt in Wolfsburg – hier werden Sie erleben, wie die Männerträume in Blech bestaunt und fotografiert werden.

Shop until you drop...

Ganz so schlimm ist es nicht, aber planen Sie bitte immer auch entsprechende Einkaufsmöglichkeiten für Ihre asiatischen Gäste ein. Die müssen nicht nur zahlreichen Daheimgebliebenen ein Geschenk mitbringen. Chinesische Besucher möchten sich oft auch ganz profan zum Beispiel mit Milchpulver versorgen, weil man den heimischen Produkten nach diversen Skandalen nicht mehr vertraut. Und zum dritten möchten viele auch die (für sie) günstigen Preise in den einschlägigen Designerläden oder großen Outletcentern nutzen.

Private Einladungen

Wenn Ihre Gäste länger hier sind oder Sie besonders gute Beziehungen zu Geschäftspartnern und Kollegen haben, sollten Sie auch an eine Einladung zu sich nach Hause denken. Asiatische Menschen sind sehr daran interessiert, wie wir wohnen. Natürlich wird alles für die Daheimgebliebenen eifrig dokumentiert.
Auch der gemeinsame Besuch von Fußballspielen, Schützen- oder Stadtfesten gibt die Möglichkeit zu einem Einblick ins bundesdeutsche Privatleben.

Umsorgen Sie Ihre Besucher!

Uns ist eine intensive Betreuung und Begleitung oft lästig. Bitte denken Sie daran, dass das bei Ihren asiatischen Gästen nicht so ist. Sie sind oft weniger darin erfahren und geübt, eigenständig Freizeitaktivitäten zu entwickeln und dankbar für Ihre Tipps und Begleitung.
Wenn wir nicht „aufdringlich" sein möchten und unseren asiatischen Besuchern Freiraum gewähren wollen, empfinden diese das oft als Desinteresse.
Denken Sie daran: Die Voraussetzung für eine gute geschäftliche Beziehung ist immer auch eine gute persönliche Beziehung! Und die entwickelt sich auch, wenn man sich an einen angenehmen Aufenthalt in Deutschland erinnert.

4. Erfolgreiches Marketing: Das sollten Sie beachten!

24. Farbenbedeutung in Asien – Der Osten ist rot!

Farben haben immer eine psychologische Wirkung, diese kann jedoch kulturell bedingt unterschiedlich sein. Für die Gestaltung von Firmenlogos, Produktdesign oder auch bei der Gestaltung eines Messestandes sollte man bedenken, wie Farben in Asien wirken.

Farben kann man nicht selbstverständlich übertragen

Die Frage, welche Farben in Asien welche Wirkung haben, stellen sich viele Unternehmen schon im Rahmen ihres Firmenlogos, das heißt bei ihrer Corporate Identity. Erzielt man mit der in Deutschland so beliebten Farbe Blau in Fernost die gleiche Wirkung wie bei uns? Die Antwort lautet: nur bedingt. Denn Blau gilt in vielen asiatischen Ländern eher als indifferent negativ, auf jeden Fall nicht als erfolgsverheißend.
Viele deutsche Firmen haben blaue Farbelemente in ihren Firmenlogos. Nun können wir nicht alle unsere CI ändern, vor allem bei großen Firmen ist das nicht mehr möglich. Aber kleinere, häufig eigentümergeführte Unternehmen, sollten sich bei ungünstiger Farbkombination überlegen,

diese zu verändern, wenn der Asienmarkt für sie eine entscheidende Bedeutung hat.

Verpackungs- und Kleidungsfarben

Wenn Sie im Konsumgüterbereich in Asien verkaufen möchten, ist die Frage der Farbgestaltung bei der Verpackung besonders wichtig. Auch beim Aufbau eines Messestandes sollten wir uns Gedanken machen. Und schließlich möchten wir vielleicht auch wissen, mit welchen Kleidungsfarben wir bei unserem asiatischen Gegenüber am meisten Vertrauen erwecken und welche wir vermeiden sollten.

Vorsicht vor Weiß oder dem Schwarz-Weiß-Kontrast

Westliche Designer finden es oft sehr schick, wenn sie uns mit einem Schwarz-Weiß-Produkt beglücken. Im Westen steht Weiß für Reinheit, Unschuld und Tugend. Überall in Asien hingegen bedeutet Weiß Trauer und Tod. Diese Bedeutung hat Schwarz andererseits im Westen. In Asien signalisiert Schwarz Macht und Geld. Nur: die Kombination von Schwarz und Weiß ist dann aber ein „mächtiger Tod" oder erinnert an einen Friedhof.

Mit Rot auf der sicheren Seite...

Jeder, der schon in Asien war, hat erlebt: der Osten ist rot! In den Straßen dominieren die roten Werbeflächen, auf den Messen herrschen rote Farbelemente in jeder Hinsicht vor. Die Braut in Indien oder China heiratet in Rot - auch wenn es vor allem bei reichen Chinesen mittlerweile schick ist, am Vormittag im westlich-weißen Brautkleid das Eheversprechen zu geben und am Nachmittag dann im traditionell roten chinesischen Gewand. So ein Verhalten ist möglich aufgrund des chinesischen Prinzips „Westliches zum Gebrauch, Östliches als Substanz."

... nicht immer Rot!

Wenn Sie also die Möglichkeit haben, rote Farbelemente zu verwenden, sollten Sie das tun. Vor allem wenn es um die Verpackung von Geschenken geht, sind Sie mit einem roten Papier und einer goldenen Schleife auf der sicheren Seite. Vorsicht jedoch bei einem Text: wenn dieser durchgängig in Rot geschrieben ist, bedeutet das Tod! Ein Kunde von mir aus der Modebranche hatte seine Visitenkarten so designen lassen. Die asiatischen Vertriebsleute änderten dies sofort, weil sie sich damit bei einem potenziellen Kunden nie hätten vorstellen können.

Kleidungsfarben
Natürlich können Sie zu Ihrem Anzug (schwarz, blau) ein weißes Hemd tragen. Bei der Farbe der Krawatte bleiben Sie jedoch bitte konservativ. Manche außergewöhnlichen und bunten Kreationen westlicher Designer würden bei Ihren asiatischen Geschäftspartnern nur Irritationen hervorrufen. Man zweifelt an Ihrer Seriosität. Auch westliche Geschäftsfrauen sollten nicht allzu schrill-bunte Blazer oder Kleider wählen.

Geschichten, die das Leben schreibt
Vor einigen Jahren war es eine Zeitlang Mode, dass Männer schwarze Hemden mit schwarzen oder dunkel gehaltenen Krawatten tragen. Dieser vom Schauspieler Dustin Hoffman inspirierte Trend ließ einen Kunden von mir fragen, ob er so etwas auch in Asien tragen könnte. Ich riet ihm unter Hinweis auf die eher konservativ gehaltene Mode im asiatischen Geschäftsleben ab. Als er dann in Hongkong von seinem chinesischen Kollegen am Flughafen abgeholt wurde, trug dieser ein schwarzes Hemd mit einer schwarzen Krawatte. Beim Essen verwies er ausdrücklich darauf, dass er dadurch zeigen wolle, wie westlich er schon sei... Wir amüsierten uns köstlich über diese Geschichte.

25. Warum Asiaten anders schauen

Bei der Konzeption von Werbeplakaten müssen die Designer wissen, wie der Blickverlauf der Betrachter ist, damit sie Botschaften entsprechend platzieren können. Aber auch in geschäftlichen Verhandlungen oder in der interkulturellen Zusammenarbeit ist es wichtig, ob man die Emotionen des Gegenübers richtig wahrnehmen und richtig interpretieren kann.

Nimmt man Emotionen überall gleich wahr?

Früher ging man selbstverständlich davon aus, dass sich Angst oder Freude überall auf der Welt in ähnlicher Weise im Gesicht zeigen und jeder Mensch sie gleichermaßen deuten kann. Die Forschungsergebnisse der Psychologin Rachel Jack von der Universität Glasgow zeigten aber, dass es auch beim Wahrnehmen von Emotionen Übersetzungsprobleme geben kann.

Menschen in Ostasien haben manchmal Probleme, Emotionen zu identifizieren

Nach Rachel Jack identifizieren Menschen aus dem Westen Emotionen auf Bildern von Menschen leichter, da sie gleichmäßig auf Augen und Mund bei ihrem Gegenüber schauen. Asiaten hingegen betrachteten bevorzugt die Augen und vernachlässigten den Mund. Deshalb haben Menschen aus Fernost Probleme bei der Erkennung von Gesichtsausdrücken, in denen sich die Augenregionen nur wenig unterscheiden.

Das sei der Fall bei Angst oder Überraschung, wo die Augen weit geöffnet sind. Oder auch bei Ekel und Ärger, wo sie eher zusammengekniffen sind. In Experimenten, in denen man die Augenbewegungen verfolgte, zeigte sich, dass Asiaten sich vor allem mit den Augen auf den Bildern beschäftigten. Deshalb unterliefen ihnen deutlich mehr Fehldeutungen, wenn sie fröhliche, traurige, überraschte, ärgerliche oder neutrale Gesichtsausdrücke erkennen sollten.

Emoticons bestätigen Forschungsergebnisse

Mit Emoticons drückt man im elektronischen Schriftverkehr Gefühle aus. Im Westen verwendet man meist kombinierte Mund- und Augensymbole :) oder :(.

E-Mail-Schreiber in Fernost benutzen hingegen die augenbetonten Emoticons ^.^ und ;--_;.

Konsequenzen für die Zusammenarbeit

Sie können sich vorstellen, welche Frustrationsquellen und Missverständnisse aufgrund dieser Unterschiede in einer westlich-asiatischen Arbeitsgruppe vorprogrammiert sind. Sie haben einen ernsten Gesichtsausdruck, weil Sie sich auf eine Aufgabe konzentrieren. Ihre asiatischen Kollegen interpretieren dies jedoch als „böse" – und suchen den Grund für Ihre Verstimmung bei sich selbst…

Asiaten schauen Bilder anders an – Konsequenzen für das Marketing

Der US Psychologe Richard Nisbett hatte bereits 2005 gezeigt, dass westliche und asiatische Menschen Bilder mit komplexen Szenen unterschiedlich betrachten.
Berühmt wurde das Bild des Tigers vor einem Bachufer in einem Wald. Westliche Menschen konzentrierten sich auf den Vordergrund (Tiger). Asiatische Menschen wandten deutlich mehr Zeit für die Betrachtung des Hintergrundes (Wald, Umgebung) auf und konnten sich anschließend auch stark an diese Details erinnern.
Diese Erkenntnis ist vor allem für die Gestaltung von Firmen- und Werbeprospekten oder der Konzeption von Werbeanzeigen etc. interessant. In Asien sollte man stärker auch den Hintergrund als visuelle Botschaft einbeziehen. Missachtet man diese kulturell bedingten Unterschiede, können teure Werbemaßnahmen verpuffen.

Unterschiede in der emotionalen Kompetenz

Die oben geschilderten Forschungsergebnisse beziehen sich auf die Interpretation von Gesichtsausdrücken auf Fotos. Im sozialen Miteinander nehmen wir aber mehr und schneller Informationen auf, als auf einem statischen Foto. Um im geschäftlichen Miteinander mit asiatischen Kollegen die „Stimmung" zu erfassen, erfordert es Sensitivität oder als Summe vieler Eigenschaften die oft zitierte emotionale Kompetenz.

Und in diesem Bereich sind uns unsere asiatischen Partner dann oft überlegen. Sie wissen oft sehr gut, was wir von ihnen erwarten, was wir brauchen, um uns wohl zu fühlen. Und das erhalten wir dann auch.

Sie ahnen, wie wir das nennen: Heucheln, Täuschen, Hintergehen...

Hintergrundinformationen bieten Schutz und fördern erfolgreiche Zusammenarbeit

Wir sollten uns also gut über darüber informieren, wie unsere asiatischen Partner ticken. Was ihnen im erfolgreichen Miteinander wichtig ist. Was ihre Reaktionen wirklich bedeuten. Oder wie ein Kunde von mir sagte: Wie der asiatische Chip programmiert ist. Ansonsten drohen wechselseitige Missverständnisse, Fehlinterpretationen und Enttäuschungen.

26. So geht erfolgreiches Marketing in China!

Ein Interview mit Dr. Dr. Andreas Tank

Vor allem westliche Anbieter im Konsumgüterbereich möchten ihre Produkte in China direkt an den Endkunden verkaufen. Und hier stellt sich nun die Frage, ob man westliche Marketinginstrumente oder Werbebotschaften auch eins zu eins auf den chinesischen Markt übertragen kann. Große Hersteller wie Coca-Cola, McDonalds, aber auch BMW, haben in der Vergangenheit viel Lehrgeld für ihre Werbespots zahlen müssen, weil sie kulturspezifische Tabus verletzten.

Dr. Dr. Andreas Tank (www.chinacompetence.eu) ist der wohl profilierteste Experte im Chinamarketing. Lesen Sie im nachfolgenden Interview, welche Faktoren Sie für erfolgreiche Marketingstrategien beachten sollten.

Herr Dr. Tank, Sie beschäftigen sich in der Praxis und auch wissenschaftlich mit dem Thema Marketing in China und haben dazu mehrere Bücher und Ratgeber veröffentlicht. Ihr Blog ist das meistbesuchte Onlineportal zu diesem Thema. Was sind die größten Fehler, die westliche Anbieter im Marketing in China machen?

Um in China Erfolg zu haben, benötigt man „Chinakompetenz", das heißt man sollte sich mit den landeseigenen Konsumgewohnheiten auseinandersetzen und diese dann in den Marketingmaßnahmen berück-

sichtigen. Sonst bleibt dieser Markt mit seinen fast 1,4 Milliarden Konsumenten und weiterhin attraktiven Wachstumszahlen ein Zukunftsmarkt auf dem Papier.
Westliche Anbieter müssen also bereit sein, neu zu lernen und fragen, ob ihre bisherigen Marketingstrategien auch für den chinesischen Markt erfolgreich sein werden.

Welche Gefahren sehen Sie noch?

Zusätzliche Gefahr besteht, wenn Abendländer versuchen, ihre Erlebnisse in China mit westlichen Erklärungen, Theorien oder Modellen zu verstehen. Dies führt meist zu einer Selbsttäuschung und zu gravierenden Fehleinschätzungen.
Der Erfolg wird zudem nicht immer nur durch die Besonderheiten des chinesischen Marktes geschmälert, sondern auch durch unternehmensinterne Strukturen. Oft gelingt es nämlich nicht, lokale Realitäten wie Genehmigungsprozesse, Verfahrensabläufe und vor allem die fremde Mentalität und Denkweise in etablierte Systeme zu integrieren.

Was sollte man bei Marketingmaßnahmen in China unbedingt berücksichtigen?

China ist ein Land mit kontinentalen Ausmaßen und bedeutenden regionalen, sozioökonomischen Unterschieden. 5.000 Jahre Kulturgeschichte haben auch Einfluss darauf, wie eingekauft wird, was am liebsten gekauft wird und welchen Nutzen man sich von dem Produkt verspricht.
Man muss sich überlegen, wie man vor diesem Hintergrund das Produkt positioniert und wie man darstellt, welche Leistung das Angebot für die Käufer bringt. Damit kann man Erfahrungen aus anderen Erdteilen nicht ohne weiteres übertragen. Man muss vielmehr unvoreingenommen und im Detail prüfen, ob die durch eine Marke oder ein Produkt verkörperten Werte in China akzeptiert und in welcher Art Inhalte und Botschaften wirkungsvoll übermittelt werden können.
Von Schriftzeichen bis hin zu Farben oder Formen – es gibt kaum etwas, das keinen kulturspezifischen Bedeutungsgehalt und subtile Zwei- und Mehrdeutigkeiten birgt.

Sehen Sie Veränderungen, z.B. bei der Zusammensetzung des Media-Mix?

Die hohe Dynamik, die den chinesischen Wirtschaftsraum prägt, zeigt sich auch hier. Moderne Technologien treiben den chinesischen Werbemarkt an. Der ist übrigens der zweitgrößte weltweit nach den USA – und er wächst doppelt so schnell wie der amerikanische.
China setzt hier globale Superlative mit der größten aktiven Internetbevölkerung und auch als größter eCommerce- und Smartphonemarkt. Soziale Medienapps wie WeChat sind aus dem Alltag nicht mehr wegzudenken. Zahlreiche Unternehmen haben hier Profile und stehen mittels innovativen Infotainments mit ihrer Zielgruppe in Kontakt. Über viele Jahrzehnte konnte TV den Hauptteil aller Werbeausgaben auf sich vereinen, neuerdings haben digitale Medien diese Führungsrolle in China übernommen.

Mehr Informationen finden Sie im aktuellen Buch von Dr. Dr. Tank: "Chinamarketing. Geschäftserfolg im Reich der Mitte".

27. Firmenprospekte und Präsentationen für Asien

„You never get a second chance to make a first impression." Wenn wir uns bei potentiellen Kunden vorstellen, sind Firmenprospekte oder auch Firmenpräsentationen ein wichtiges Hilfsmittel.

Wer sind Sie eigentlich?
Die wirtschaftlichen Joker Deutschlands sind die Hidden Champions. Das sind kleine und mittlere Unternehmen, die mit ihren Produkten oft Weltmarktführer sind, deren Namen aber außerhalb der Branche kaum bekannt sind. Wie schaffen es diese "Unbekannten" schnell das Vertrauen asiatischer Kunden zu gewinnen?

Vertrauensfördernde Informationen
Oft stelle ich fest, dass bereits in einem Firmenprospekt oder bei einer geplanten Firmenpräsentation zu sehr die technischen Detailinformationen vorherrschen. Ihr potenzieller asiatischer Kunde möchte sich aber (im wahrsten Sinn des Wortes) zuerst ein Bild von Ihnen und Ihrem Unternehmen machen. Deshalb mein erster Rat: Legen Sie mehr Wert auf „weiche Informationen" als auf harte Produkt-Fakten.

Die Joker der Hidden Champions
Ihre Kunden interessiert zum Beispiel, woher Sie aus Deutschland kommen. Zeigen Sie deshalb Fotos von der Region und dem Ort und der Umgebung Ihres Firmensitzes.

- Gibt es Menschen oder Orte, für die Ihre Region bekannt ist?
- Gibt es regionale Spezialitäten (Getränke, Gerichte) auf die Sie verweisen könnten?
- Wird Ihr Unternehmen noch von den Eigentümern geführt? Dann sollten Sie sowohl Fotos von den Firmengründern wie auch der gegenwärtigen Eigentümerfamilie zeigen. In vielen Ländern Asiens wirkt dies als Zeichen von Beständigkeit und Zuverlässigkeit.

Schlüssel-Faktoren
Um die Tür zum Kunden aufzuschließen, kann Ihnen auch der Verweis auf weltbekannte Geschäftspartner helfen. Sind Sie Zulieferer oder Partner, dann zeigen Sie das. Ebenso hilfreich sind bereits bestehende Geschäftsverbindungen mit asiatischen Kunden oder aussagekräftige Projekte.

Geschäfte werden zwischen Menschen gemacht
Viel stärker als im Westen sollten Sie im Asiengeschäft die Menschen hinter den Prozessen betonen. Zeigen Sie Fotos der potenziellen deutschen Ansprechpartner.

Der Wurm muss dem Fisch schmecken...
...nicht dem Angler. Das gilt nicht nur für die bereits empfohlene starke bildhafte Darstellung in Prospekten. Denken Sie bei Ihren Firmenpräsentationen daran, dass Ihre Zuhörer erst einmal daran interessiert sind, welchen Nutzen und Vorteil sie von Ihren Produkten oder Dienstleistungen haben werden.
Oft erlebe ich, dass man detailreich darauf verweist, wie technisch ausgereift und toll die Angebote sind. Natürlich ist dies wichtig. Aber eben erst im zweiten Schritt, nachdem Sie das Interesse geweckt haben.

Zusammenfassende Empfehlungen
Lassen Sie in Ihren Prospekten und Präsentationen Bilder sprechen. Ein Bild sagt oft mehr als tausend Worte. Wählen Sie zudem eine einfache Sprache – dies gilt umso mehr, wenn Sie überwiegend in Englisch kommunizieren.
Können Sie eine kleine amüsante oder einprägende (Firmen-)Geschichte erzählen? Dann tun Sie es!
Mit all diesen Maßnahmen erreichen Sie schnell den Zugang zu Ihren asiatischen Kunden. Ist dieser erreicht, werden Sie mit technischen Details überzeugen.

5. Länderspezifische Informationen

28. China – eine blühende Wiese voller Tretminen

Ich möchte ich Ihnen einen kleinen Einblick in einen besonderen Bereich meiner Beratungsarbeit gewähren, nämlich der Krisen- und Risikoberatung für China. Aufgrund der weltwirtschaftlichen Bedeutung des Reichs der Mitte und den Marktchancen erscheint das Land vielen Unternehmen wie eine blühende Wiese. Oft vergessen sie jedoch die Tretminen, die in dieser historisch einmaligen Melange einer „sozialistischen Marktwirtschaft" verborgen sind.

Chinesische Logik

Stellen Sie sich bitte vor, ein Mitarbeiter von Ihnen verunglückt am Wochenende tödlich. Am Montagmorgen stehen Familienmitglieder in Ihrem Büro und fordern Geld. Undenkbar für uns, aber Alltag in China. Dort sieht man den (westlichen) Arbeitgeber auch in der Pflicht, wenn ein Todesfall in der Freizeit passiert. Und wenn chinesische Autofahrer mit einem westlichen PKW einen schweren Unfall haben, dann wollen sie ebenfalls erst einmal Geld vom deutschen Hersteller. Denn der trägt Schuld, wenn er solche todbringenden Autos verkauft und damit die Alterssicherung z.B. für die zurückbleibenden Eltern gefährdet hat.

Forderungen gehen mit Drohungen einher
Weigern sich westliche Firmen, auf solche Forderungen einzugehen, folgen Drohungen. Die Mitarbeiter würden den Werkszugang blockieren, die Gewerkschaft würde eingeschaltet und im Falle der Autounfälle warnt man vor reputationsschädigenden Presseberichten. Und sicher gäbe es immer einige Dinge, welche die Behörden in China interessieren würden?
Nur selten gelangen solche Ereignisse in die deutschen Medien. Es ist eine Ausnahme, wenn z.B. Vertreter der Simba-Dickie-Gruppe aus Fürth berichten, dass die chinesischen Mitarbeiter den deutschen Geschäftsführer kurzfristig als Geisel nahmen, um bei der Werkschließung höhere Abfindungen durchzusetzen.

Falsche Reaktionen im Krisenfall können den GAU bewirken
Verletzungen des geistigen Eigentums oder Fluktuationsraten bis zu 30 Prozent sind Dinge, die westliche Unternehmen anscheinend schulterzuckend akzeptieren (müssen?). Wenn chinesische Geschäftsführer in die eigene Tasche wirtschaften, ist das ärgerlich. Wenn sie mit finanzieller und logistischer Unterstützung der deutschen Mutter ihr eigenes Werk aufbauen und dann mit den Produkten in Konkurrenz zum deutschen Mittelständler treten, kann so ein finanzieller Verlust manchmal sogar den Bestand der Firma in Deutschland gefährden. Allen Beispielen gemein ist die Tatsache, dass sie sich bei falschen Reaktionen auf deutscher Seite zum GAU auswirken können. Kennt man diese Tretminen, kann man sie hingegen schon bei der Gründung einer Niederlassung in China entdecken. Oft lassen sie sich aber auch später noch entschärfen, wenn man weiß, wie das geht.
Das alles, wie gesagt, sind Themen in meinem Beratungsalltag.

Eine gute und eine schlechte Nachricht
Die gute Nachricht ist: Es gibt Lösungen für solche Probleme im Chinageschäft. Wenn auch hier meine Vorschläge meine westlichen Kunden oft zunächst etwas erstaunen.
Die schlechte Nachricht ist: Viele westliche Investoren ignorieren bei ihrem China-Engagement immer noch grundlegende Rahmenbedingungen. Sie machen keine ernsthafte Risikoprüfung und unterstellen meist selbstverständlich eine westliche Denkweise bei ihren chinesischen Partnern.
Deshalb hier nur ein paar Hinweise, die Sie bei Ihrem Chinageschäft immer und von Anfang an berücksichtigen sollten.

KP Mitglieder sind entscheidende Akteure auch im Geschäftsleben

China nennt sich „sozialistische Marktwirtschaft". Das heißt im Klartext, dass die entscheidenden Akteure im Wirtschaftsleben Mitglieder der kommunistischen Partei sind. Man nennt sie auch die roten Prinzen und Prinzessinnen. Für sie gilt ihr eigenes Recht. Und das schlägt sich vor allem in einem millionenschweren Konto nieder. Natürlich gibt es Gesetze in China. China ist jedoch kein Rechtsstaat, in dem man sich auf eine Judikative oder die Gültigkeit von Verträgen verlassen kann.

Ideenklau auch in Joint Ventures

Der Schutz geistigen Eigentums ist ebenfalls nicht selbstverständlich gewährleistet. Immer wieder kommt es auch in prominenten Joint Ventures, wie z.B. dem zwischen VW und seinem chinesischen Partner First Automotive Works (FAW), zu unglaublichen Vorfällen und Ideenklau. Aber wie schreibt ein westlicher Kommentator richtig: „Zum Know-how-Klau gehören immer Zwei. Einer, der sich das Wissen unerlaubt verschafft und einer, der es sich vor seinen Augen wegschnappen lässt."

Passen Sie Ihre Mitarbeiterführung chinesischen Erwartungen an!

Beschäftigen Sie sich auch mit der Denkweise und dem Wertesystem chinesischer Mitarbeiter! Zum einen können Sie nicht selbstverständlich davon ausgehen, dass diese die Qualifikation haben, die sie vorgeben. Bedenken Sie zum Zweiten auch, dass das Loyalitätsverhalten Ihrer chinesischen Mitarbeiter von Umständen abhängt, an die Sie nicht selbstverständlich denken.

KP weitet Einfluss auf westliche Unternehmen aus

Was auf dem 19. Parteitag der KP Chinas im Oktober 2017 beschlossen wurde, sollte westliche Unternehmen aufhorchen lassen. Unter ihrem starken Parteivorsitzenden und Staatspräsidenten Xi Jinping möchte die Kommunistische Partei nun auch ihren Einfluss auf private und ausländische Unternehmen ausdehnen.

„Die chinesische Führung zielt darauf ab, die Kontrolle über große Teile der chinesischen Wirtschaft wiederzuerlangen, die sich bislang jenseits der Aufsicht der Partei entwickeln konnten. In diesem Jahr hat die KPC den Einfluss von Parteikomitees in Privatunternehmen in einem Maß ausgeweitet, wie es bislang nur bei Staatsunternehmen der Fall war.

Auch Unternehmen mit ausländischer Beteiligung sind davon nicht ausgenommen, was bereits zu Klagen über den wachsenden Druck geführt hat. Ranghohe Manager berichten, dass sie gedrängt wurden, Parteistrukturen in ihren Firmen aufzubauen. Die Nachrichtenagentur Reuters zitierte ein Unternehmen, welches aufgefordert worden sei, die Bestimmungen des Joint Ventures mit einem staatlichen Partner so zu ändern, dass die Partei das letzte Wort bei Geschäftsentscheidungen habe." (Merics China Update Nr. 16/2017, www.merics.org)

Mein Rat

Westliche Unternehmen müssen für ihr eigenes Unternehmen prüfen und bedenken, was dies konkret bedeuten kann. Zudem sollten sie sich mit anderen westlichen Unternehmen und Verbänden austauschen, um geeignete Maßnahmen zu entwickeln.

29. Der rote Drache ist kein Schmusetier! Aber das hat sich noch immer nicht herumgesprochen.

Haben Sie auch schon Veranstaltungen besucht, in denen enttäuschte und um viel Geld erleichterte deutsche Investoren vor den hinterhältigen Chinesen warnen, die einen skrupellos über den Tisch ziehen, betrügen und belügen? Ich möchte Ihnen zeigen, dass es nicht immer nur die anderen sind, wenn man scheitert. Und Titel und Inhalt meines im Jahr 2006 erschienen Buches „Der rote Drache ist kein Schmusetier" sind leider immer noch aktuell.

Was Chinareisende am meisten interessiert

„Was ist Ihnen besonders wichtig, welche Fragen haben Sie mitgebracht?" frage ich meine Kunden immer zu Beginn von Firmenveranstaltungen. Die Antworten haben dann meist mit Etikette zu tun: Man will keine Fehler machen, möchte wissen, wie man sich richtig beim Essen verhalten soll, welche Fettnäpfchen es zu vermeiden gelte. Das ist verständlich. Vor allem, wenn man das erste Mal nach China oder Fernost fährt.

Die Gefahr der Ähnlichkeitsfalle

Nach der ersten Reise höre ich dann oft erleichterte Aussagen. „Also unsere chinesischen Kollegen sind schon ganz westlich. Und überhaupt ist China schon ganz westlich. Hat die Exotik verloren." Zack! Die Ähnlichkeitsfalle ist laut und vernehmlich zugeschnappt. Sie stellt meines

Erachtens die größte Gefahr im Chinageschäft dar. Denn nun sieht man oft überhaupt keine Notwendigkeit mehr, sich weitere Hintergrundinformationen zu holen.

Unseriöse Anbieter: „Chinesisch lernen in 2 Tagen!"

Aber auch wenn man beabsichtigt, sich umfassend und effizient auf China (oder Asien) vorzubereiten, macht es einem der Anbietermarkt nicht leicht. So verspricht man Ihnen sogar, man könne Chinesisch in 2 Tagen lernen. Damit sei man dann in der Lage, eine kleine Tischrede halten zu können.

Sie werden schnell ahnen, dass dieses Versprechen a) unseriös und b) diese Fähigkeit völlig irrelevant ist. Zusätzlich erfahren Sie auch in dieser Vorbereitung, dass Sie immer mit Ihren Geschäftspartnern viel trinken müssen und beim Essen schmatzen dürfen.

Mit so einer Vorbereitung stürzen Sie im differenzierten Geschäftsalltag Chinas schlicht ab. Ich möchte einmal zusammenfassen, worüber Sie sich im Vorfeld informieren sollten, damit Sie sich in China souverän bewegen können.

Was Sie vor einem Chinaengagement unbedingt wissen müssen!

Was wissen Sie über die einzigartige Melange einer „sozialistischen Marktwirtschaft"? Wissen Sie, wer wirklich über wirtschaftliche Entscheidungen bestimmt?

Was wissen Sie über die Geschichte Chinas? „Um die Früchte zu erkennen, studiere die Wurzeln", sagt man in China. Wenn Sie sich bewusstmachen, was zum Beispiel in der Kulturrevolution von 1966 – 1976 in dem Land passiert ist, dann wird Ihnen klar, warum Sie mit bestimmten Managementmethoden sicher keinen Erfolg haben werden.

Was wissen Sie über die Ausbildungsinhalte, das Schul- und Hochschulsystem in China? Können Sie wirklich davon ausgehen, dass ein chinesischer Ingenieur die gleichen Qualifikationen und Arbeitskompetenzen hat wie Ihre deutschen Mitarbeiter? Und was heißt das dann konkret für Ihren erforderlichen Aufwand an Unterstützung? Was heißt das für Ihre Investitionskosten?

Sind die Mitarbeiter oder Expatriates, die Sie nach China schicken, wirklich für diese Tätigkeit geeignet? Haben Sie die Eigenschaften, die eine erfolgreiche Arbeit in einem fremdkulturellen Umfeld ermöglichen?

Chancen ungleich verteilt
Diese Fragen könnte man noch fortsetzen. Was sie deutlich machen sollen, ist: China ist kein einfacher Markt. Weder in Bezug auf den Einkauf noch im Vertrieb oder in der Produktion. Manchmal kommt es mir so vor, als würden chinesische Menschen aufgrund der zahlreichen Kontakte mit dem Westen immer erfahrener und geschickter und wir aufgrund der Ähnlichkeitsfalle immer naiver und sorgloser. Das ist keine gute Mischung. Sie bringt einseitige Vorteile – und die sind nicht auf unserer Seite.

Und was haben Sie von fundierten Hintergrundinformationen und Know Why?
Mit Hintergrundinformationen oder Know Why lassen Sie sich nicht von der Fassade täuschen, sondern sind fähig, vom ersten Kontakt an hinter die Kulissen zu blicken. Sie können ihr Gegenüber einschätzen, wissen, was ihm wichtig ist und wann es sich in einer Zusammenarbeit wohl fühlt. Sie können ein Konzept entwickeln, damit Ihre chinesischen Mitarbeiter nicht wegen ein paar Dollar mehr zum Mitbewerber wechseln. Und das alles erspart Ihnen sehr viel Geld, Zeit und Enttäuschungen.

Eine gute Vorbereitung ist der beste Schutz
Mein Rat: Bereiten Sie sich gut und fundiert (nicht nur) auf die Spielregeln im chinesischen Geschäftsleben vor. Beschränken Sie sich nicht auf Etikette (Know-how), sondern informieren Sie sich darüber, wie Ihre asiatischen Partner ticken – und warum sie so ticken, wie sie ticken.

30. Indiengeschäfte: Vier Irrtümer, die Sie vermeiden sollten!

Dass man in Indien den Kopf wackelt, wenn man ja sagen will oder dass ein „no problem, Sir!" Alarmstufe 1 bedeutet, wissen viele indienerfahrene, westliche Geschäftsleute. Wenn sie jedoch zusätzlich Hintergrundwissen haben und zum Beispiel die folgenden vier Irrtümer vermeiden, wird der geschäftliche Erfolg auch in Indien beschleunigt.

Irrtum Nr.1: „In Indien spricht man Englisch"
Aufgrund der Tatsache, dass Indien einst eine englische Kolonie war, schlussfolgern viele westliche Geschäftspartner, dass die englische Sprache auch heute noch ihre Geschäfte in Indien vereinfachen würden. Dies im Unterschied zu China, wo nicht nur die gesprochene, sondern auch die Schriftsprache für uns meist unbekannt ist.
Wahr ist: nur ca. 10 Prozent der indischen Bevölkerung sprechen Englisch! Es gibt 25 offiziell anerkannte Sprachen und unzählige Lokaldialekte. Schließen Sie vom britischen oder amerikanischen Englisch Ihrer Verhandlungspartner nicht aufs ganze Land! Diese gehören zur Oberschicht und haben oft im Westen studiert.
Sie sollten diese Sprachprobleme vor allem bedenken, wenn Sie planen, in Indien zu produzieren. Stellen Sie sicher, dass auch Ihre Mitarbeiter in der Produktion im wahrsten Sinn des Wortes „eine Sprache" sprechen.

Irrtum Nummer 2: „Das Kastenwesen ist in Indien verschwunden"
Ja - in der Verfassung, die seit 1950 gilt.
Wahr ist: Auch heute noch bestimmt das Kastenwesen das soziale Leben der Inder. Neben den vier Hauptkasten existieren tausende von Unterkasten, die man in Indien „Varnas" (Farben) nennt. Wie können Sie die Kaste Ihres Gesprächspartners erkennen? Denn danach fragen dürfen Sie nicht! Sie können sie allerdings etwas erschließen, wenn sie seinen Beruf oder seinen Familienhintergrund berücksichtigen.

- **Brahmanen:** die ehemalige Priester- und Gelehrtenkaste finden Sie heute in akademischen Berufen, in der Forschung und zum Teil auch im Topmanagement.
- **Kshatryias:** ehemals Könige oder Krieger, heute im Militär, auch im mittleren Management zu finden.
- **Vaishyas:** früher Händler oder Hirten. Sie sind heute noch Kaufleute oder Händler (Stoffe, Obst etc.).
- **Shudras:** sie waren einst die Knechte und Diener, heute arbeiten sie in un- und angelernten Berufen.

Die kastenlosen Dalits oder die Unberührbaren schließlich gehören zu den ärmsten der Gesellschaft. Diese erfahren auch heute noch eklatante Diskriminierung, vor allem auf dem Land. Dort wird ihnen in manchen Dörfern sogar der Zugang zu sauberem Trinkwasser verwehrt.
Für alle Kasten gelten strikte Verhaltensregeln und Berufsbeschränkungen. Ehen zwischen den Kasten sind auch heute noch nicht üblich. Vorschriften aus dem Kastenwesen können die Zusammenarbeit Ihrer indischen Mitarbeiter beeinflussen. Häufig dürfen bestimmte Kastenangehörige bestimmte Tätigkeiten überhaupt nicht ausführen.

Irrtum Nummer 3: „Alle meine indischen Geschäftspartner sind Hindus"
Es stimmt, dass über 80 Prozent der Inder dieser Philosophie angehören. Daneben finden Sie jedoch vor allem im Norden des Landes, auch in Delhi, moslemische Gläubige (ca. 13 Prozent der Bevölkerung). Rund um Goa im Westen oder auch im Süden gibt es 2,4 Prozent Christen.
Wahr ist: Das Wirtschaftsleben Indiens wird sehr stark von den Business Communities bestimmt, zu denen solche Religionen wie Sikhs, Parsen oder Jains gehören. Von den beiden Letzten haben Sie wahrscheinlich noch nie etwas gehört. Es ist eine verschwindend kleine Minderheit in der Bevölkerung, deren Grundüberzeugungen jedoch starke Wirtschaftsaktivitäten fördern.

So gehört zum Beispiel der Großindustrielle Ratan Tata zur Religionsgruppe der Parsen. Angehörige der Jains sind im Geld- und Goldhandel aktiv. Und einen gläubigen Jain kennen wir auch in Deutschland: Anshu Jain – erfolgreicher Investmentbanker und ehemals einer der Vorstände der Deutschen Bank.

Irrtum Nummer 4: „Indien ist die größte Demokratie der Welt"
Das stimmt. Nach der Verfassung ist Indien demokratisch und die Bevölkerung darf ihre Regierung wählen.
Wahr ist: Es ist eine Demokratie indischer Prägung. Parteien kaufen sich im Wahlkampf häufig die Stimmen. Vor allem für die Ärmsten ist das eine Einkommensmöglichkeit. Von den 543 Parlamentariern des gegenwärtigen Unterhauses waren 129, d.h. also knapp ein Viertel, straffällig. 84 waren wegen Mordes, 17 wegen Raubes und 28 wegen Diebstahl und Erpressung angeklagt.
Die Korruption in Verwaltung und Behörden ist allgegenwärtig. Sie gilt auch für die Inder selbst. „In Indien läuft es wie geschmiert", sagt einer meiner Kunden immer.
Selbstverständlich wird dies auch Ihre geschäftlichen Aktivitäten beeinflussen. Hierfür benötigen Sie die Hilfe und Unterstützung von indischen Mitarbeitern oder Partnern mit entsprechenden Beziehungen. Berücksichtigen Sie auch, dass Sie zeitliche Verzögerung bei der Umsetzung Ihrer Vorhaben bedeuten kann.

Meine Empfehlung:
Bereiten Sie sich und Ihre Mitarbeiter sorgfältig auf den indischen Subkontinent vor! Sie werden dann erkennen, dass es nicht nur eine „Indian time" gibt, sondern dass Geschäfte in Indien ihre eigenen Abläufe haben. Wenn Sie die Spielregeln kennen, können Sie dort ebenso mitspielen wie in andern Teilen der Welt.

Geschichten, die das Leben schreibt:
Ein westlicher Journalist ruft bei einem General an, bittet aufgrund eines aktuellen Themas um einen Gesprächstermin.
„Ja, kommen Sie in einer Woche, am Montag um 15.00 Uhr!"
Journalist: „Ich brauche aber die Informationen schneller, das Thema ist ja hochaktuell"
„Na gut, dann kommen Sie am nächsten Montag halt schon eine Stunde früher, um 14.00 Uhr!"

31. Marktchancen in Indien: Toiletten für 600 Millionen Menschen?

Indien mit seinen mittlerweile 1,3 Millionen Einwohnern lockt westliche Anbieter als riesiger Absatzmarkt. Dass aber eine quantitativ große Zahl an potenziellen Konsumenten noch lange keine Garantie für tatsächliche Verkaufschancen bedeutet, möchte ich Ihnen am Beispiel von Toiletten zeigen. Und auch hier können Sie sehen, wie Sie Ihnen Kenntnisse über die kulturellen Prägungen dabei helfen, Marktchancen richtig einzuschätzen.

Eine Milliarde Menschen ohne stilles Örtchen!
Neulich bekam ich den Anruf eines Kunden, der im Sanitärbereich tätig ist. Er habe in der Zeitung gelesen, dass weltweit 1 Milliarde Menschen noch keine Toilette hätten, 600 Millionen davon lebten in Indien. Und der neue Premierminister, Narendra Modi, habe eine große Hygienekampagne gestartet. Bis 2019 wolle der erreichen, dass kein Inder mehr seine Notdurft auf öffentlichen Plätzen oder auf den Feldern verrichten muss. Er wolle auch von diesen Absatzchancen profitieren. Was er als nächstes tun solle?
Ich musste den Tatendrang des aktiven Mittelständlers zunächst einmal während einer ersten Beratung dämpfen.

Toiletten – segensreich und unterschätzt

In der Tat ist das Thema „Zugang zu Toiletten" nicht nur in Indien ein großes Problem. Haben Sie sich schon einmal darüber Gedanken gemacht, dass keine Erfindung in den letzten 200 Jahren so viele Menschenleben gerettet hat, wie eine Toilette? Sie hat verhindert, dass Billionen Bakterien und Viren über Felder und Flüsse wieder ins Trinkwasser für Menschen geraten und dort Krankheiten wie Typhus, Hepatitis oder Cholera auslösen. Dennoch sterben in Indien jedes Jahr 600.000 Menschen an Durchfallerkrankungen, weil sie kein WC benutzen können oder wollen.

Verständlich und rühmlich, dass sich Premierminister Modi dieses Problems annehmen will. Und damit ergibt sich auf den ersten Blick scheinbar eine riesige Marktchance für Anbieter im Bereich von Klosetts und Zubehör.

Kulturelle Überzeugungen prägen auch die Einstellung zur Hygiene

Aber das ist eben nur eine Seite der Medaille. Denn die Praxis in Indien zeigt: Auch wenn die Menschen Zugang zu einer Toilette haben, gehen viele weiterhin zum Beispiel auf die Felder. Der Grund liegt im Wertesystem des Hinduismus. Exkremente gelten als unrein. Für die Beseitigung zuständig sind deshalb die untersten Schichten in der Gesellschaft, die Dalits oder Unberührbaren.

Parallel zu den Exkrementen gelten auch die Toiletten als unrein. Und rein oder unrein bezieht sich im Hinduismus nicht auf den hygienischen Aspekt, sondern auf einen spirituellen. Man beschmutzt sein Karma und riskiert damit, im nächsten Leben auf einer niedrigeren Existenzstufe wieder geboren zu werden.

Inder halten es zudem für unhygienisch, dass Toiletten in der Nähe des Hauses sind oder dass sie mit ihren Exkrementen auf engem Raum eingeschlossen sind. Deshalb gehen sie weiterhin auf die Felder oder öffentliche Räume.

Was bedeutet dies nun alles für meinen Kunden?

Natürlich muss er erste Kontakte nach Indien knüpfen, potenzielle Kooperationspartner kontaktieren, damit er die Marktchancen nutzen kann. Um von Anfang an die Aussagen und Verhaltensweisen der indischen Partner richtig einschätzen zu können, hat er sich und den betroffenen Mitarbeitern eine Firmenveranstaltung zur indischen (Wirt-

schafts-)Mentalität gegönnt: Wie „ticken" indische Menschen/Konsumenten – nicht nur in Bezug auf ihr Hygieneverständnis? Und was heißt das dann konkret für die eigene weitere Vorgehensweise?
Immer wieder werden Sie hören, man werde in Indien nur betrogen und über den Tisch gezogen. Ich weise dann immer darauf hin, dass es dazu aber immer zwei Seiten bedarf: Einen der zieht, und einen, der sich ziehen lässt, weil er Informationen nicht richtig einschätzen kann.

Und die Moral von der Geschichte?

Ich wollte Ihnen mit diesem Beispiel auch zeigen, dass für den Markterfolg in anderskulturellen Märkten Faktoren verantwortlich sind, an die wir aufgrund unserer eigenen kulturellen Brille nicht sofort denken. Dann folgen oft falsche Entscheidungen in Bezug auf Produktentwicklung, Vertriebswege oder Verhandlungsstrategien. In der Summe ist das teures und frustrierendes Lehrgeld. In der Theorie wissen wir zwar alle, dass Vorsorge besser und billiger ist als Nachsorge. Aber in der Praxis knöpfen wir immer noch oft genug im Asiengeschäft den ersten Knopf der Jacke falsch zu. Damit sitzt die Jacke dauerhaft schief. Statt Erfolge zu verzeichnen, müssen wir ständig Anfangsfehler beseitigen.

32. Singapur: The little red spot hat mehr Millionäre als Katar oder Kuweit

„The little red spot" wird Singapur manchmal genannt, weil es auf Weltkarten wie ein kleiner Punkt unterhalb der malaiischen Halbinsel zu hängen scheint. Der kleine Stadtstaat mit nur circa fünfeinhalb Millionen Einwohner ist aber wirtschaftlich ein Riese.

Schwieriger Start

Nach der schmerzhaften Trennung von der Konföderation mit Malaysia im Jahre 1965 wurde Singapur am 9. August 1965 gegründet. Lee Kuan Yew, Premierminister der ersten Stunde, schuf das Modell Singapur. „The little red spot" verfügte über die denkbar schlechtesten Ausgangspositionen. Keine Bodenschätze, kein Wasser, nur begrenzten Raum, keinerlei Landwirtschaft oder Industrie. Es gab nur eines, wie Lee Kuan Yew immer wieder betonte: „The brain of my people".

Einwohner als wichtigste Wirtschaftskraft

Das Wissen und die Arbeitskraft der Singapurer wurden von LKY systematisch gefördert. Die Bevölkerung des Stadtstaats war und ist multikulturell. Die Mehrzahl der Einwohner (circa 77 Prozent) sind Chinesen, der Rest Malaien und Inder.

Heute leben auch viele Menschen aus dem Westen oder anderen asiatischen Staaten in Singapur, das gezielt mit einer qualifizierten Zuwanderungspolitik seine Einwohnerzahl auf 6.5 Millionen erhöhen möchte. „All the best from all over the world to Singapore."

Amtszeit

Lee Kuan Yew schuf, formte und prägte das Land in seiner Amtszeit von 1959 - 1990. Danach fungierte er lange Jahre als Mentor Minister, als anerkannte und unumstrittene graue Eminenz. Sein Sohn Lee Hsien Loong ist seit 2004 Premierminister im „Lee Country", wie Singapur auch wegen des starken Einflusses der Familie Lee genannt wird. Heute ist Singapur ein prosperierender Wirtschaftsraum in Asien. Dies aufgrund seines Hafens, als Finanzzentrum und als begehrter Standort für westliche Firmen, die mit Forschungs- und Entwicklungseinrichtungen vor Ort sind. Die Anzahl der Millionäre an der Bevölkerung in Singapur übersteigt die Katars.

Singapore - a fine city

„Fine" in der Bedeutung von „Strafgebühren" bezieht sich auf die rigiden Vorschriften hinsichtlich der Sicherung der öffentlichen Ordnung in Singapur. Die autoritäre Form der Demokratie wurde im Westen oft kritisiert. Aufgrund der gewaltsamen Auseinandersetzungen zwischen malaiischen und chinesischen Bevölkerungsteilen Anfang der sechziger Jahre, verordnete LKY einen konsequenten Kurs. Jeder, der den Frieden im Stadtstaat gefährdete oder gegen das öffentliche Wohl verstieß, musste mit drakonischen Strafen rechnen. Die Todesstrafe gibt es in Singapur noch heute ebenso wie Verurteilungen zu Stockhieben und ähnliche Folter. „I want to guarantee peace between the races", kommentierte LKY die Kritik aus dem Westen. Nur so könne das wichtigste Lebensprinzip verwirklicht werden: „Make money!"

Asiatische Werte

Lee Kuan Yew fiel vor allem in den 90er Jahren dadurch auf, dass er als erster asiatischer Staatsmann von „asiatischen Werten" sprach. Um wirtschaftlich erfolgreich zu sein, müsse man nicht den politischen Systemen des Westens folgen. Er kritisierte die westlichen Staaten in Bezug auf ihren Umgang mit Drogenhändlern („Wir hängen sie auf, wenn sie auf unserem Staatsgebiet erwischt werden") oder die USA aufgrund ihres Verhältnisses zum privaten Waffenbesitz. In einem seiner letzten

Interviews mit dem „Spiegel" warnte er vor der wirtschaftlichen Konkurrenz aus Asien. „Ihr habt uns nicht gerufen, aber wir sind da: Über drei Milliarden erfolgshungrige Menschen!"

Persönliche Erinnerungen

Ich lernte Lee Kuan Yew im Jahr 1983 in Singapur kennen. Eine meiner Kolleginnen war mit dem damaligen Innenminister verheiratet und so traf ich LKY auf einem Empfang. Er war sehr an unserer kulturvergleichenden Forschungsarbeit interessiert, ließ sich Sinn und Zweck ausführlich erklären. „Wir müssen einander nicht lieben. Aber wir müssen unsere unterschiedlichen Denkweisen verstehen. Und wir müssen andere Denkweisen auch nicht übernehmen. Die Krähe, die den Kormoran imitiert, wird ertrinken. Aber wir sollten erfolgreich zusammenarbeiten und viel Geld verdienen."

Lew Kuan Yew starb am 23. März 2015 im Alter von 91 Jahren.

33. Warum Sie in den ASEAN Staaten investieren sollten!

"Wenn China erwacht, zittert die Welt", prophezeite Napoleon vor 200 Jahren. Wenn heute schlechte Wirtschaftszahlen aus China gemeldet werden, löst dies bei vielen westlichen Investoren Nervosität aus. Zeit, sich über weitere gewinnbringende Alternativen in Asien Gedanken zu machen. Davon ist mein Interviewpartner, Dr. Gunter Denk, Geschäftsführer der Sanet Group in Thailand, überzeugt (www.sanet.eu). Er plädiert für ein Investment in den ASEAN Staaten.

Dr. Gunter Denk

Zunächst einige Daten

Die zehn ASEAN Staaten, das sind Indonesien, Malaysia, Singapur, Thailand, Vietnam, aber auch Brunei, Laos, Myanmar, Kambodscha und die Philippinen, umfassen einen Markt mit 590 Millionen Menschen. Damit haben sie mehr potenzielle Konsumenten als die Europäische Union.

Der Jurist Dr. Gunter Denk sammelt seit 2004 Erfahrungen in Asien. Er war zunächst Vorstand eines chinesischen, in Hong Kong gelisteten Unternehmens mit 11.000 Mitarbeitern. Danach entschied er sich, seine operativen juristischen Erfahrungen in den Dienst westlicher Unternehmen bei der Internationalisierung nach Asien zu stellen.

Als SANET ASEAN ADVIDSORS hat sich das Unternehmen seit 2011 auf die ASEAN-Staaten konzentriert. Sein Motto: „Export war gestern. Heute zählt Präsenz".

Herr Dr. Denk: Warum sollten westliche Firmen in Südostasien investieren?

Die Staaten der AEC (ASEAN Economic Union) werden nach allen Prognosen bis 2035 das nachhaltigste Wachstum weltweit aufweisen. Die zehn Staaten sind mittelständisch strukturiert und haben gemeinsam dennoch eine größere Wirtschaftskraft als zum Beispiel Indien. Sie gewähren Investoren bis zu 8 Jahre Steuerbefreiung und bis zu 28 Jahre Steuerreduzierungen.

Was sind Ihrer Erfahrung nach die größten Risiken?

Das größte Risiko ist es, Geschäftserfahrungen aus dem eigenen Umfeld oder aus China auf Südostasien zu übertragen. Die Geschäftskulturen in Thailand, Vietnam oder Indonesien sind überwiegend von den Auslandschinesen dominiert. Gleichzeitig sind sie aufgrund landestypischer Strukturen aber auch sehr unterschiedlich. Westliche Geschäftsleute können diese Gemengelage schwer durchschauen. Dem Geschäftsgebaren, wie es die Festlandchinesen pflegen, steht man in Südostasien zudem eher ablehnend gegenüber. Deshalb sage ich immer „Eine gute Vorbereitung ist besser als schnelles Handeln."

Was sind die Chancen in den ASEAN Staaten?

Südostasiens ASEAN ist der Hub des weltweiten Freihandels. Wer in einem der zehn AEC-Länder produziert, hat für fast alle Produkte zollfreien Zugang zu den Märkten Chinas, Indiens, Japans, Koreas, Australiens und Neuseelands. Über das TPP-Abkommen sind einige Länder schon jetzt auch mit den USA, Kanada, Mexico und Chile durch Freihandelsabkommen verbunden. Die anderen ASEAN-Staaten werden folgen.

In welchen Branchen bieten Sie Beratungsunterstützung für westliche Investoren?

Wir arbeiten für die Automobilindustrie, Bahntechnik, Medizin- und Pharmatechnik, für den Werkzeug- und Formenbau und bieten auch technische Dienstleistungen.

Und für alle Leser, die gerne lachen, habe ich noch einen besonderen Tipp: Besuchen Sie einmal die „Denkzettel" auf der Sanet-Homepage! Hier finden Sie humorvoll geschilderte Szenen aus dem Leben eines deutschen Juristen in Südostasien.
https://www.sanet.eu/info-center/denkzettel/

34. Was Wirtschaftsflüchtlinge mit dem wirtschaftlichen Erfolg in Asien zu tun haben

Wenn gegenwärtig über den wirtschaftlichen Vorteil von Zuwanderern in Europa diskutiert wird, lohnt sich vielleicht ein Blick nach Asien. Meist wissen westliche Geschäftspartner nämlich nicht, dass ihre Kunden oder Lieferanten ehemalige Wirtschaftsflüchtlinge sind. Vor allem in den südostasiatischen Staaten beherrschen die das Wirtschaftsleben. Man nennt sie deshalb „Die Herren des Pazifik". Manche sprechen auch von der „unsichtbaren Macht der Auslandschinesen."

Chinesen - Flüchtlinge vor Hunger und Armut

Seit dem 15. Jahrhundert flohen Chinesen vor allem aus den südlichen Provinzen des Landes vor Armut und Hunger. Auf Booten verließen sie ihr Heimatland und siedelten sich in südostasiatischen Staaten an. Ab dem 19. Jahrhundert wurden sie zudem gezielt angeworben. So holte die britische Kolonialregierung von Malaysia Hunderttausende während des Zinnbooms ins Land.

Innerhalb einer Generation führten der Fleiß und die Zielstrebigkeit der Chinesen zu gravierendem Erfolg. Waren die Väter noch die Arbeiter in den Zinnminen und Kautschukplantagen, brachten es die Söhne bereits zum Eigentümer dieser Unternehmen.

Geringer Bevölkerungsanteil – große wirtschaftliche Macht
Malaysia hat deshalb heute mit etwa 30 Prozent einen recht hohen Bevölkerungsanteil an Auslandschinesen in Südostasien. In anderen Ländern wie Thailand, Vietnam, Indonesien oder Myanmar liegt ihr Anteil an der Bevölkerung unter 10 Prozent. Allerdings beherrschen sie in allen Staaten Südostasiens Handel und Industrie.

Auslandschinesen – immer auch von den Einheimischen bekämpft
Die jeweiligen Einheimischen nahmen diese Entwicklung nicht ohne Widerstand hin. Sie mussten erleben, dass die zugewanderten Nachbarn oft bessere Einkommens- und Lebensverhältnisse hatten als sie selbst. Das empfanden sie als ungerecht und so kam es immer wieder zu gewaltsamen und blutigen Auseinandersetzungen. In Malaysia zum Beispiel fand 1968 ein regelrechter Pogrom statt. In Kuala Lumpur wurden ganze Straßenzüge niedergebrannt, in denen die Auslandschinesen wohnten. Die Bumiputras (Söhne der Erde, so nennen sich die Malaien) forderten mehr Rechte. Diese wurden ihnen dann von Seiten des Staates gewährt. In einer Art Quotenregelung stehen die Positionen in Verwaltung, Politik oder Militär den Bumiputras zu. Die Wirtschaft wird von den ehemaligen Auslandschinesen organisiert und dominiert. Ähnlich ist das in Thailand (Großraum Bangkok), Vietnam oder in Indonesien. Und in Singapur bestimmt seit 1965 eine chinesische Mehrheit (77 Prozent) die politischen und wirtschaftlichen Geschicke.

Gesetze und Quoten sichern heute friedliches Miteinander
In Südostasien finden wir also häufig multikulturelle Gesellschaften. Allerdings vermischten sich die ethnischen Gruppen nicht in einer Art kulturellen Schmelztiegel. Meist lebt man koexistent zusammen. Rigide staatliche Maßnahmen sichern hierbei oft den Frieden. „I'm ok, you are ok. Together, Singapore is ok. Ok?" lautet ein Slogan in Singapur, den man auf verschiedenen Plakaten finden kann. Es gibt Regeln für alle, die ein friedliches Zusammenleben garantieren sollen. Gleichzeitig können alle ethnischen Gruppen ihre kulturellen Werte behalten und pflegen.

Auslandschinesen unterstützen die Wirtschaftsentwicklung in China

Die Auslandschinesen unterhalten nicht nur weltweit dichte Netzwerke (Guanxi), sondern pflegen immer noch ihre Familienbande mit ihren Herkunftsregionen in China. Deng Xiaoping soll auch deshalb die Sonderwirtschaftszonen im südlichen China angesiedelt haben, weil er mit der finanziellen Aufbauhilfe der reichen Auslandschinesen hoffte. Und die kam. 80 Prozent der Auslandsinvestitionen stammen von Überseechinesen.

Was heißt das nun für Sie?

Mit großer Wahrscheinlichkeit werden Ihre Geschäftspartner in Handel und Industrie in Südostasien chinesische Wurzeln haben. Und damit spielen sie auch im Geschäftsleben nach chinesischen Regeln. Ihr Denk- und Wertesystem ist stark von konfuzianischen Inhalten geprägt. Sie unterscheiden sich oft von der anderskulturell geprägten Landeskultur, in der sie leben. Vor allem in buddhistisch (Thailand, Laos, Myanmar) oder islamisch (Malaysia, Indonesien) geprägten Ländern wirft man den Chinesen ihre materialistische Lebenseinstellung vor. „Man kann mit ihnen nur über Geld reden, sie haben keinerlei soziales Empfinden oder soziale Verantwortung", sagte mir einmal ein Burmese.

6. Lustiges, Kurioses, Nachdenkliches rund ums Asiengeschäft

35. Autofahren in Asien – bereit zum Abenteuer?

Ich habe viele Kunden in der Automobilindustrie oder deren Zulieferern. Aber nicht nur hier finden sich autobegeisterte Menschen, die mich im Rahmen von Auslandsentsendungen oft fragen, wie das denn mit dem Autofahren zum Beispiel in den Megacities in China sei. Ob der deutsche Führerschein gelte? Deshalb heute ein paar Informationen rund um das Thema „Autofahren in Asien".

Die schlechte Nachricht zuerst
Wenn Sie in einer Leitungsfunktion in Ihrer Firma in einem asiatischen Land tätig sind, haben Sie einen Chauffeur. Wenn Sie sich selbst ans Steuer setzen würden, würde das bei Ihren Mitarbeitern oder Geschäftspartnern höchste Verwunderung auslösen. Diese Information lässt vor allem meine Kunden bei den Automobilherstellern regelrecht erblassen. Bereits die Vorstellung, dass ihr edles Ross von einem asiatischen Fahrer traktiert werden soll, treibt ihnen die Schweißperlen auf die Stirn. Flehentlich fragen sie mich dann, ob sie sich wenigstens in ihrer Freizeit

selbst ans Steuer setzen dürfen? Sie dürfen. Wenn Sie zum Beispiel in Peking oder Jakarta unterwegs sind, ist es egal, wer dann im Stau steht.

Der tägliche Stau und seine Begleiterscheinungen

In Peking sind heute über 5 Millionen Fahrzeuge zugelassen. Dem stehen 800.000 Parkplätze in Wohngebieten zur Verfügung. Die Stadt scheint langsam am Verkehr zu ersticken. Vollgeparkte Gehsteige, ein ständiger Smog, ein lautes Hupkonzert. Wenn die Chinesen sich schon nicht fortbewegen können, dann wollen sie wenigstens die Hupe betätigen. 10.000 Mal soll eine Hupe während der Lebenszeit eines Autos in Europa bedient werden. In China geschieht dies 400.000 Mal. Und indische Autofahrer möchten hier sicher nicht zurückstehen.

Kampf gegen die PKW-Flut

Besonders in den chinesischen Großstädten versucht man gegen die PKW-Flut anzukämpfen. Bevor man ein Auto kaufen kann, muss man eine Zulassung haben. Diese Zulassung wird nur begrenzt vergeben und entweder versteigert oder verlost. Auch viele Ausländer stehen deshalb oft seit Jahren und ohne große Hoffnung auf einer Warteliste. Pro Monat vergibt man zum Beispiel in Peking 20.000 Fahrerlaubnisse. Dem stehen 1,68 Millionen Anträge gegenüber. Es gibt also viele Gründe, weshalb sich westliche Expatriates mit dem Taxi oder der U-Bahn (falls vorhanden) fortbewegen.

Ein Führerschein in China

Mittlerweile müssen Ausländer in China eine Führerscheinprüfung ablegen. Zum Lernen der Verkehrsregeln händigt man den Prüflingen ein Lehrbuch in ihrer Sprache aus. Kai Strittmatter, der SZ Korrespondent in Peking, berichtete in einem Artikel über seine Schwierigkeiten zu verstehen, was ihm der jeweilige Autor auf Deutsch sagen wollte: „Bei der Durchfahrt durch die Kreuzung und dem Linksabbiegen soll der Fahrer nicht durch die Kreuzung durchfahren und das Rechtsabbiegen machen. Er soll nochmals durch das Rechtsabbiegen das Linksabbiegen machen." Er mutmaßte, dass es wohl an seinen mangelnden Deutschkenntnissen gelegen haben müsse, weswegen er die erste schriftliche Prüfung nicht bestand...

Strafpunkte auch in China

Auch in China werden Verkehrsverstöße, wie das weit verbreitete Ignorieren von roten Ampeln oder Zebrastreifen, geahndet. Allerdings gibt es hier gravierende Unterschiede zum deutschen Prozedere. So berichtet Kai Strittmatter: „Bei zwölf Punkten ist der Führerschein weg, theoretisch. In der Praxis geht man zur Verkehrspolizei, legt den Fahrzeugschein hin, dann fragt einen der Beamte: ‚Und wer übernimmt jetzt die Punkte?'. Dann zeigt man auf den Herrn neben sich, und wenn der schuldbewusst nickt und klaglos bezahlt, ist man sein Strafregister los: Die Punkte laufen aufs Fahrzeug, der Polizei ist egal, wer dafür seinen Kopf hinhält."

Autoclubs haben daraus ein lukratives Geschäftsmodell entwickelt. Sie suchen Chinesen, die für etwa 12 Euro pro Punkt den Sündenbock spielen. Damit ist gewährleistet, dass die zahlungskräftigen Chinesen mit ihren großen Luxuskarossen weiterhin selbst hinter dem Steuer im Stau stehen dürfen.

Wunsch nach dem Automobil ungebrochen

Die beschriebenen Verhältnisse finden sich in allen asiatischen Großstädten mehr oder minder ausgeprägt. Eine Ausnahme bildet hier Singapur, wo strenge und teure Auflagen den Autoverkehr im Stadtstaat begrenzen. „Lieber im BMW weinen als auf dem Fahrrad lachen" sagt man hingegen in China. Und wenn man einen Pulk Zweiräder sieht, dann sind das meist E-Bikes.

Der Verkehr wird eine Herausforderung bleiben

Ob in China oder in Indien: Hier wird schlicht die große Bevölkerungszahl dafür sorgen, dass die menschliche Mobilität ein zentrales Thema bleiben wird. Auch aus diesen Gründen hofft man in diesen Ländern auf eine schnelle Serienreife von Elektroautos oder insgesamt intelligente Mobilitätssysteme. Eine Herausforderung für unsere Ingenieure und damit eine Chance auch für zukünftige Exporte!

36. Heute schon gelacht?

Die internationale oder interkulturelle Arbeit bringt oft auch unfreiwillige, komische Situationen mit sich.

Kompliment oder Beleidigung?
Die Exportleiterin eines deutschen Unternehmens empfängt einen chinesischen Kunden. Auf dem Tisch stehen Süßigkeiten, die dem chinesischen Gast sichtlich schmecken. Die Exportleiterin lässt deshalb die Schale ständig nachfüllen. „Aaaah!", kommentiert der Chinese. „Nun weiß ich, warum deutsche Frauen so dick sind!"
Für Sie noch als Hintergrundinformation: Die Exportleiterin ist eine üppige Frau. Und wenn man in China jemandem bestätigt, er sei dick geworden, ist das als indirektes Kompliment für wirtschaftlichen Erfolg gemeint. Man ist so reich, dass man im Überfluss zu essen hat. Die deutsche Exportleiterin hingegen empfand das als nicht sehr nett.

Hell Driver
Ein deutscher Geschäftsmann ist in Indien mit dem Taxi unterwegs, dessen Fahrer sehr wagemutig ist und wilde Überholmanöver durchführt. „Nun rasen Sie doch nicht so!", mahnt der Deutsche. „Keine Angst", antwortet der indische Taxifahrer. „Ich bin ein guter Fahrer. Die schlechten sind alle schon tödlich verunglückt."

Die Tücke der indirekten Botschaft

In einem deutschen Mehrfamilienhaus lebt eine japanische Familie neben einem Deutschen, der häufig Posaune übt. Als sie sich einmal im Treppenhaus treffen, sagt der Japaner: „Oh, Sie sind wohl ein leidenschaftlicher Musiker! Sie üben oft!" „Ja!" antwortet der Deutsche ganz stolz. Er freut sich, dass seine Anstrengungen anscheinend gewürdigt werden – und verstärkt seine Übungen.
Anmerkung: Der japanische Nachbar wollte eigentlich ausdrücken, dass er die musikalischen Übungen als Belästigung empfand.

Der faule Koch

In einer deutschen Firma ist eine Kollegin aus China zu einem mehrmonatigen Praktikum. Irgendwann fragt man sie, wie ihr das deutsche Essen schmecke. Sie hat auch oft Schwierigkeiten mit dem Benutzen von Messern und Gabeln. „Eure deutschen Köche sind sehr faul", befand sie eines Tages. „Die sind zu faul, um die Zutaten zu schneiden. Deshalb braucht man dann Messer und Gabel und muss das Essen auch noch selbst zerteilen!"

Sind Sie MBA? Und wenn ja: aus welchem Land?

Martin Hörtig, Geschäftsführer von Hörtig Rohrpost, berichtet hier von einer seiner zahlreichen Lernstunden in China:
Shanghai im Sommer. Es ist heiß und feucht. Ich sitze im Büro. Irgendjemand schlägt vor ‚let's go for lunch', weshalb sich die Bürogemeinschaft in ein nahegelegenes Restaurant begibt. Auch die aircondition im Lokal bringt keine wirkliche Abkühlung. Meine Sekretärin hat ihre Garderobe den Außentemperaturen angepasst, und sitzt mir im T-Shirt mit Spaghettiträgern gegenüber. Wir reden über dies und jenes und sie erzählt mir von ihren Freundinnen, die sich immer fragen würden, ob die ausländischen Männer MBA seien. Mir ist diese Abkürzung nur als Studienabschluss eines Master of Business Administration bekannt und so möchte ich wissen, warum sich ihre Freundinnen nur für Ausländer mit so einer Qualifikation interessierten. Meine Sekretärin amüsiert sich königlich, weil sie ihren Chef aufklären darf, dass man MBA mit „married but available" übersetzt und damit den Status vieler ausländischer Männer treffend beschreibt. Allerdings wären die Chinesinnen nicht nur an einer Liebesaffäre, sondern eher an einer Ehe mit einer Langnase interessiert.

Sehr unvorbereitet trifft mich dann ihre nächste Frage: „Stimmt es eigentlich, dass die deutschen Männer nach einer Ehescheidung immer bettelarm sind?" Ich habe noch nie darüber nachgedacht, ob Männer aus anderen Ländern nach einer Trennung ärmer oder reicher sind und weiß zu wenig vom deutschen Scheidungsrecht. Ich versuche mich also in einer intelligenten Antwort, wie: „Na ja, das kommt immer darauf an. Unter Umständen schon." Meine Antwort bestätigt die empirische Erfahrung meiner Sekretärin und ihrer Freundinnen, weshalb sie mir weiter erklärt: Ja, das habe sie auch gehört. Deswegen hätte sie sich entschieden, sich bei der Suche nach einem ausländischen Mann lieber auf Amerikaner zu konzentrieren, denn die seien nach einer Scheidung wenigstens nicht finanziell ruiniert. Ernüchtert muss ich mir eingestehen, dass sich damit das Problem mit den Spaghettiträgern wohl erledigt hatte.
(Aus: Hanne Seelmann-Holzmann: Der rote Drache ist kein Schmusetier. 2006, S. 115f)

37. Höfliche Menschen haben mehr Sex und mehr Geld!

Zu den vielen Unterschieden, die es zwischen dem Westen und Asien gibt, gehört auch, wie ausgeprägt die Höflichkeit oder auch Rücksichtnahme im Miteinander ist oder sein sollte. Deshalb möchte ich Ihnen mit einem Augenzwinkern erzählen, was unhöflichen Menschen alles entgeht.

„Wissen die eigentlich, was sie uns zumuten?"
Diese Frage stellte mir neulich ein Mitarbeiter während eines Firmenworkshops. Er erläuterte seine Frage mit einer Geschichte. Er fände es nervig ohne Ende, dass er Mails nach Asien nicht kurz und knapp (sachlich orientiert) schreiben könne, sondern immer in ein „höfliches Gesäusel" einbetten solle. Und wenn er vor Ort sei, treibe ihn diese ständige Fürsorge und der dauernde soziale Kontakt mit den asiatischen Kollegen zum Wahnsinn.

Individuelle Persönlichkeit oder kulturelle Prägung?
Wir einigten uns im vorliegenden Fall darauf, dass dieses Empfinden, dieses Genervt-sein wohl eher etwas mit der Persönlichkeit des deutschen Mitarbeiters zu tun habe, seine Sicht der Dinge sei und nicht ein kulturelles Defizit der asiatischen Kollegen.

Unabhängig davon lassen sich grundsätzliche Unterschiede in der Erwartung des Gebrauchs von Etikette oder Höflichkeit zwischen dem Westen und Asien ausmachen. Hier wie dort gibt es natürlich auch innerhalb der einzelnen Länder unterschiedliche Ausprägungen. Und dass man rücksichtsloses Verhalten auch in Asien beobachten kann, ist selbstverständlich.

Die Kultur der Unhöflichkeit

Haben wir in Deutschland eher eine „Kultur der Unhöflichkeit"? Wohl jeder von uns könnte nun Beispiele aus dem Alltag nennen, in denen uns ruppige Umgangsformen und egozentrische Rempelmechanismen begegnen – nicht nur bei der Fahrt auf der Autobahn.
Ist Höflichkeit zu einer wertlosen Tugend geworden? Denn oft wird sie ja auch als leeres, inhaltsloses Ritual abgelehnt. „Soll ich ehrlich sein oder höflich?", fragen manchmal meine Kunden. Bereits Goethe machte diesen scheinbaren Gegensatz in seinem Faust deutlich: „Im Deutschen lügt man, wenn man höflich ist."
Das alles haben wohl auch manche meiner Kunden im Ohr, wenn ich zu höflicher, zurückhaltender Kommunikation mit dem asiatischen Partner oder Kollegen rate. Denn oft ernte ich dann genervtes Hochziehen der Augenbrauen und skeptische Blicke. Was dieses „Schleimen" bringe? Man habe doch schließlich auf westlicher Seite „Facts and Figures" zu bieten!

Diplomatie und Höflichkeit vor Ehrlichkeit

In Asien gilt jedoch als Regel im sozialen Miteinander: Diplomatie und Höflichkeit vor Ehrlichkeit! Auch richtiges Benehmen und Etikette, als die kleinen Schwestern der Höflichkeit, entscheiden oft darüber, mit wem man Geschäfte macht. Das von uns so geschätzte „ehrliche" Verhalten hingegen führt nicht nur zu Irritation, sondern auch zu Verletzungen und Beleidigungen. Vielleicht können sich dies Einkäufer erlauben. Im Vertrieb werden Sie damit jedoch keinen Erfolg haben.

Rau, aber herzlich!
Sind Mitarbeiter, die einen etwas raueren Umgangston pflegen und schätzen, eine aggressive Kommunikation als „lustig" verkaufen, wirklich gut geeignet für das Asiengeschäft? Werden die Kollegen, die Lächeln nur als ärztlich verordnete Muskelübung praktizieren, in Asien Erfolg haben? Ganz sicher nicht!
Wie aber kann man skeptische Westler überzeugen, ihr Verhalten zu ändern?

Höflichkeit lohnt sich!
Sie können sich vorstellen, wie glücklich ich war, als ich folgende Meldung im aktuellen Buch von Rainer Erlinger* las: Höfliche Menschen haben mehr Sex und mehr Geld (Studie der Universität von San Diego in Kalifornien)! Singles mit guten Umgangsformen haben eine um 73 Prozent höhere Wahrscheinlichkeit Sex zu haben, als ihre unhöflichen Zeitgenossen. Sie haben eine um 36 Prozent höhere Chance bei Beförderungen und verdienen im Schnitt 22 Prozent mehr!
Höflichkeit lohnt sich also auch in westlichen Gesellschaften. Und vielleicht denken Sie an die oben geschilderten Forschungsergebnisse, wenn Ihnen das nächste Mal der Kollege die Tür vor der Nase zuschlägt oder Sie ein Raser auf der Autobahn rechts überholt. Denn nun kennen Sie ja deren eigentliche Probleme…

*Rainer Erlinger: Höflichkeit. Vom Wert einer wertlosen Tugend. 2016

38. Kommen nun die bösen Geister aus Fernost?

Die Wirtschaftskontakte zwischen Fernost und dem Westen nehmen immer mehr zu. Asiaten kommen zu uns nach Deutschland als Studenten, als Arbeitnehmer, als Lieferanten und Einkäufer oder als Investoren. Dabei haben sie anscheinend auch Wesen im Gepäck, die bei uns längst vertrieben worden sind.

Der vierte Stock im Hotel

Im Rahmen einer Firmenveranstaltung bei einem deutschen Kunden, dessen Mitarbeiter sich über die Spielregeln im Asiengeschäft informieren wollten, erzählte ich auch, dass die Zahl Vier in China nicht sehr beliebt ist, da sie in ihrem Klang an Tod erinnert. Demzufolge findet man in chinesischen Hotels oft keinen vierten Stock. Acht und neun hingegen sind sehr beliebte und gefragte Zahlen.
Ein Teilnehmer fragte mich daraufhin, ob ich mir eigentlich schon einmal die Bezeichnung der Stockwerke in dem Hotel angesehen hatte, ich dem ich logierte? Das tat ich dann sofort am Abend: Bei den Stockwerkbezeichnungen im Aufzug fehlte die Vier! Vom dritten gelangte man sofort ins fünfte Geschoss!

Böse Geister im Hotelzimmer

Neugierig wollte ich von der Rezeptionistin wissen, warum man auch in diesem deutschen Hotel (in einem eher kleinen Ort) vom dritten gleich in den fünften Stock käme? Sie erzählte mir, das sei eine Reaktion auf die ständigen Beschwerden chinesischer Gäste gewesen. Diese hätten sich immer geweigert, ein Zimmer mit der Nummer „vier" zu beziehen. Und als ein Gast aus Fernost einmal dazu gezwungen war, weil das Hotel komplett ausgebucht war, hielt er den Hotelbesitzer die ganze Nacht auf Trab. In seinem Schrank sei ein böser Geist, der müsse vertrieben werden. Ob er damit dann Erfolg hatte, wusste sie leider nicht.

Es gab keine "Aufklärung" in Asien

Wir sollten uns immer wieder vor Augen halten, dass die Epoche der „Aufklärung" nur in Europa stattgefunden hat. In den meisten Ländern der Welt ist man heute noch von der Existenz guter oder böser Geister und übersinnlicher Kräfte überzeugt. Und dieser Glaube prägt das Handeln und die Logik der Menschen. Auch im Geschäftsleben.

Astrologen sind wichtige Ratgeber

Astrologen gehören heute noch in Asien zu weit verbreiteten und geschätzten Ratgebern. Familien haben einen Familienastrologen, der jedes neu geborene Familienmitglied hinsichtlich seiner Anlagen aufgrund der Gestirnkonstellationen zu seiner Geburt begutachtet. Die Eltern erhalten daraufhin Empfehlungen, wie sie schlechtere Einflüsse mindern und positive fördern könnten. Auch Unternehmen holen sich astrologischen Rat, wenn es um wichtige Entscheidungen geht. Dies kann sich auf die Mitarbeiterauswahl beziehen oder auf den richtigen Zeitpunkt für einen Vertragsabschluss mit dem westlichen Partner.

Fengshui - die Lehre von "Wasser und Wind"

Fengshui Meister begleiten Architekten bei öffentlichen und privaten Bauten. Sie beraten Unternehmen bei der Wahl von Firmenlogos. Geistheiler oder Schamanen sorgen bei der Eröffnung von Fabrikationsstätten oder neuen Firmengebäuden dafür, dass nur positive Energie vorhanden ist. Mit Speisen und Opfergaben werden die bösen Geister besänftigt. So will man Mitarbeiter vor Verletzungen am Arbeitsplatz und das Unternehmen vor Misserfolgen schützen.

Meine Empfehlung

Akzeptieren Sie einfach, dass asiatische Menschen an solche Einflüsse und Zusammenhänge glauben. Auch wenn sie das nie zugeben würden. Wenn Sie selbst Ihre Büroräume oder Werkshallen in Asien erfolgsoptimiert gestalten wollen, so bitten Sie einfach lokale Mitarbeiter alles in die Wege zu leiten, was nötig ist, um böse Geister zu vertreiben, das „chi" oder die Lebensenergie ungestört fließen zu lassen. Damit sind Ihre Mitarbeiter beruhigt und auch Ihrem wirtschaftlichen Erfolg steht nichts mehr im Weg.

39. Frauen in China – Das sollten Sie wissen!

Die wirtschaftliche und gesellschaftliche Entwicklung in China hat in den letzten dreißig Jahren viele positive Entwicklungen gebracht, viele neue Chancen eröffnet und viel durcheinandergewirbelt. Manche Lebensbedingungen wurden regelrecht auf den Kopf gestellt. Dies möchte ich Ihnen auch am Beispiel der Situation der Frauen in China zeigen.

Westliche Männer leiden oft unter Gelbfieber

Wenn westliche Männer heute nach China reisen – und dort vor allem in den großen Städten der Ostküste tätig sind – dann reiben sie sich oft begeistert die Augen. Die jungen Frauen sind gut ausgebildet, wollen Karriere machen, sind westlich gekleidet und lieben den Konsum von Luxusprodukten. Dazu sind sie noch hübsch und charmant. Kein Wunder, dass viele westliche Männer von dieser Mischung begeistert sind. Viele werden – etwas scherzhaft formuliert – vom Gelbfieber befallen. Es gibt viele Verbindungen oder auch Ehen mit ausländischen Männern. Und natürlich auch viele Gelegenheitsbegegnungen. Chinesische Frauen haben deshalb ihre eigene Übersetzung des westlichen MBA (Master of Business Administration) geprägt: Married but available.

Frauen in China - jahrtausendlang unterdrückt

Diese privilegierte Situation gab es für die Frauen früher nicht. Lange genug haben die chinesischen Frauen gedarbt. Den Großmüttern der heute 25-jährigen Frauen in China wurden gar noch die Füße „gebunden". Mädchen im Alter von etwa vier Jahren hat man die Füße gebrochen und stark bandagiert. Das Ergebnis dieser schmerzhaften Folter (die Füße entzündeten sich, faulten, wurden wieder gebrochen) wurde als die „Lotusfüße" bezeichnet: Sie waren stark verkrüppelt und erlaubten es den Frauen nur mehr, sich quasi tänzelnd zu bewegen. Die Männer fanden das zum einen erotisch, zum anderen war dies ein Hinweis auf den gesellschaftlichen Status eines Mannes. Wer eine Lotusblüte zur Frau hatte, konnte es sich leisten, dass seine Frau nicht zu arbeiten brauchte.

Frauen im chinesischen Kommunismus

Mao verbot 1948 diese Folter. Er versprach Chinas Frauen sogar „die Hälfte des Himmels". Aber die meisten mussten erkennen, dass sie eben im real existierenden Sozialismus Chinas doch auf der Erde wohnten.
Als China ab dem Jahr 1978 das Wachstum seiner Bevölkerung mit Hilfe der Einkind-Politik begrenzen wollte, hatte das fatale Folgen für weibliche Föten. Viele hatten überhaupt keine Chance jemals geboren zu werden. Mädchen wurden abgetrieben und in manchen ländlichen Gegenden auch einfach ertränkt. Der Zwang zur Einkind-Ehe ließ häufig nur die Stammhalter überleben.

Demografische Folgen

Nach fast vier Jahrzehnten Einkind-Politik erhält China eine fatale Quittung für diese Praxis. Aufgrund des Wunsches vieler Eltern, dass das einzige Kind männlich sein sollte, kam es zu dramatischen Verschiebungen in der Geschlechterverteilung. Heute beträgt das Verhältnis zwischen Männern und Frauen in China im Landesdurchschnitt 116:100. In manchen Provinzen und ländlichen Gebieten ist es noch schlimmer mit 160 Männern zu 100 Frauen.
Zum Vergleich: In Deutschland beträgt das Geschlechterverhältnis 106 Männer auf 100 Frauen.

Schrumpfende Bevölkerung in China
Die Folgen dieser Entwicklung sind nicht mehr umkehrbar. Ab dem Jahr 2040 wird die chinesische Bevölkerung schrumpfen. Man rechnet damit, dass im Jahr 2020 dreißig Millionen chinesische Männer keine Frau finden wird. Die sinkende Geburtenrate führt zu einer überalterten Gesellschaft mit Problemen, wie man sie eigentlich nur aus Industrieländern kennt. Mittlerweile ist die strikte Einkind-Politik in China gelockert worden: Heiraten zwei Einzelkinder, so dürfen sie auch zwei Kinder bekommen.

Gesellschaftliche Folgen
Prostitution, steigende Aidsraten, Frauenraub und Frauenhandel durch die Triaden gehören heute zu den Problemen, mit denen sich China konfrontiert sieht.
Auf der anderen Seite gewinnen die jungen Frauen heute einmalige Chancen. Dies vor allem, wenn sie in den großen Städten der Ostküste wohnen und aufgrund ihrer Ausbildung von den neuen beruflichen Möglichkeiten profitieren. Sie können nun unter den Männern auswählen. Von potenziellen chinesischen Partnern fordert man eine Wohnung, einen guten Verdienst oder die Mitgliedschaft in der Kommunistischen Partei (die unbegrenzten Zugang zu wirtschaftlichen Vorteilen garantiert). Oft hört man „Liebe ohne Geld gibt es nicht!"
Für reiche Chinesen gehört heute wieder die „Zweitfrau" zum Statussymbol, mit der sie einen Sohn zeugen oder sich einfach nur schmücken. Und wenn man dann noch einen BMW fährt, ist das in China ein Synonym für „Business, Money, Women".

Von der Disco zur Karriere: Die Attraktivität westlicher Männer
Aber auch für die reichen chinesischen Männer gibt es eine Konkurrenz. Und das sind die westlichen Männer. Auch wenn diese häufig nicht der zukünftige Ehemann sein werden, bieten sie oft ganz profan einen, wenn auch nur vorübergehenden, materiellen Vorteil. Vom Besuch guter Restaurants bis hin zu aufwändigen Reisen innerhalb Chinas, mit Übernachtung in First-Class-Hotels.
Zum zweiten bieten westliche Männer Chancen beruflicher Art: Sie können oft Zugang zu einer beruflichen Tätigkeit in einer begehrten westlichen Firma verschaffen oder entscheiden manchmal sogar über eine Anstellung mit entsprechender Vergütung. Und bei Eheschließung bieten sie einen westlichen Pass und damit ein weltweites Reisen ohne lästiges Visum.

Enttäuschte Hoffnungen wecken böses Blut
Nicht immer verläuft eine Liaison mit einer chinesischen Frau glimpflich. Wenn die erhoffte berufliche Chance nicht direkt umgesetzt werden kann, versucht man es manchmal auf „indirektem" Weg. So erlebe ich in meiner Beratung immer wieder, dass die westlichen Arbeitnehmer von Ex-Geliebten erpresst werden. Nicht selten muss in einer solchen Situation der deutsche Mitarbeiter in einer Nacht- und Nebelaktion ausgeflogen werden, da man die körperliche Gefährdung durch entsprechende Androhungen ebenso ausschließen möchte, wie nachfolgende finanzielle Forderungen.

Historisch einmalige Lebenschancen
Für viele Menschen, und dazu gehören besonders die Frauen, bietet China heute historisch einmalige Lebenschancen. Wer mag ihnen vorwerfen, dass sie diese mit beiden Händen ergreifen und nutzen wollen? Viele westliche Männer erleben dieses Verhalten als berechnend und enttäuschend. „First they make you feel like Brad Pitt and then like a fool", klagte einmal ein Kunde von mir.
Natürlich gibt es sie auch in China: Die wahre Liebe zwischen westlichem Mann und chinesischer Frau. Viele chinesische Frauen ziehen - nicht immer zur Freude ihrer eigenen Familie - mit einem westlichen Mann in dessen Heimat. Es gibt westliche Männer, die ihr Lebensglück in China gefunden haben und dort lieber unter lokalen Bedingungen arbeiten, als wieder zurück nach Deutschland zu gehen.
Aber es gibt eben auch die Vielzahl von emotionalen Enttäuschungen bei ausländischen Männern, die feststellen mussten, dass sie eher als nützliche Sprossen auf einer Karriereleiter dienten, denn als Objekt der wahrhaftigen Liebe.

40. Warum ein Perspektivenwechsel hilfreich und oft auch erheiternd ist

Den Blickwinkel auf eine Sache zu verändern, bringt häufig neue Erkenntnisse. Die Fähigkeit zur Veränderung der Perspektive oder ein „taking-the-role-of-another" ist zudem in der interkulturellen Arbeit eine wichtige Voraussetzung für den Erfolg. Deshalb lade ich Sie ein, ein paar Perspektivenwechsel zu wagen. Und Ihre Lachmuskeln werden dabei auch zum Einsatz kommen.

Perspektiven schaffen Ein-Sichten
Wenn Menschen unterschiedliche Meinungen haben, stellen wir im Westen schnell die Frage, wer denn Recht habe. Das ist in asiatischen Philosophien wie dem Buddhismus oder Hinduismus ganz anders.
„Es gibt deine Wahrheit, es gibt meine Wahrheit und es gibt eine Wahrheit, die wir beide nicht kennen", heißt es im meinungs-toleranten Buddhismus. Es gäbe nur eine falsche Sicht: „Die Überzeugung, meine Sicht ist die einzig richtige."
Auch Konrad Adenauer wusste: „Wir leben alle unter dem gleichen Himmel. Aber wir haben nicht den gleichen Horizont".

Begriffe haben unterschiedliche Bedeutung
Unser westliches Verständnis von politischer Freiheit und Menschenrechten teilen viele Menschen in China nicht. „Menschenrechte sind auch das Recht auf eine Arbeitsstelle, auf Gesundheit, auf saubere Luft

und sauberes Wasser", schrieb mir ein chinesischer Leser. Der Wissenschaftler Kishore Mahbubani *aus Singapur sagt: „Die grundlegende Schicht der menschlichen Freiheit ist die Freiheit von Not". Die Freiheit der Berufswahl und eine hohe Sicherheit seien ebenfalls essenziell.
Auf die Kritik westlicher Medien an Pressezensur und Verfolgung politisch Andersdenkender antworten Chinesen deshalb oft mit dem Hinweis, dass es das große Verdienst ihrer Regierung sei, die materielle Situation von 1,3 Milliarden Menschen innerhalb der letzten 40 Jahre enorm verbessert zu haben. Und auch der Umweltschutz erhalte zunehmend Bedeutung und Aufmerksamkeit.
*(aus Kishore Mahbubani: Die Rückkehr Asiens. Das Ende der westlichen Dominanz. 2008, S.149.)

Was ist Freiheit?

„Freiheit" versteht man in vielen asiatischen Ländern zudem eher im negativen Sinn von „sich Freiheiten nehmen". Sprich: eigensüchtig und egozentrisch zu denken und zu handeln.

Was ist ein Individuum?

Auch das im Westen so hoch geschätzte Individuum stößt in Asien auf Skepsis. Häufig übersetzt man das Wort mit „einsamer Wolf". Wir alle wissen, dass ein einsamer Wolf sterben wird, da er ein Rudeltier ist. Und so sieht man uns oft aus asiatischer Perspektive. Man versteht nicht, was so toll daran sein soll, wenn wir gerne alleine sind, „zu uns finden" wollen oder eigene Wege gehen. Ein chinesischer Teilnehmer in einer Firmenveranstaltung interpretierte Individualismus folgendermaßen: „Wir sind schon sehr individuell in China! Wir können uns jede Jeansmarke kaufen."

Freiheiten in China- hätten Sie's gewusst?

Ein weiterer Leser wies mich etwas augenzwinkernd darauf hin, dass man in China viele Dinge tun könne, die bei uns nicht möglich wären. Er bezog sich dabei auf die Kolumnen des Journalisten Kai Strittmatter, die man jeden Samstag in der Süddeutschen Zeitung findet.

In China könne man

- Rückwärts durch die Straßen laufen, ohne dass nur einer den Kopf nach einem umdrehe
- Aus vollem Hals singen, während man sein E-Bike durch die Fußgängerzone steuere
- Strafpunkte aus dem Straßenverkehr auf einen Kumpel überschreiben lassen
- Jemandem bei der Begrüßung strahlend bestätigen „Du bist aber dick geworden!" und als Antwort hören „Und du erst!"
- Einen Fremden gleich nach der Begrüßung nach seiner Blutgruppe und seinem Monatsgehalt fragen
- Den „Rauchen-verboten!"-Ständer im Restaurant als Aschenbecher benutzen.

Konsequenzen für das Geschäftsleben

Was hat das Ganze nun mit dem Geschäftsleben zu tun? Auch hier können wir nicht selbstverständlich davon ausgehen, dass unsere asiatischen Geschäftspartner das Gleiche wie wir unter bestimmten Aussagen verstehen. Was bedeutet ein „ja" in den Verhandlungen? Welche Verbindlichkeit hat ein Vertrag? Sind unsere asiatischen Mitarbeiter glücklich, wenn wir sie selbständig arbeiten lassen?
Und ebenfalls wichtig: Sind die westlichen Mitarbeiter überhaupt fähig und willens, andere Wahrheiten zu akzeptieren?
Meinen Rat kennen Sie: Bereiten Sie sich gut auf die „asiatische Perspektiven" auch im Geschäftsleben vor! Denn nur, wer die Spielregeln kennt, ist ein ebenbürtiger Partner.

41. Das Glück – auch eine Frage der Sichtweise

Keine Angst, ich habe nicht die Branche gewechselt! Ich werde Ihnen nicht erzählen, wie Sie glücklich, reich und schön bis an Ihr Lebensende werden.
Aber ich habe in der letzten Zeit immer wieder Aussagen gehört oder gelesen, bei denen ich dann doch stutzte. Wir Deutsche werden als glücklich, in uns ruhend und zufrieden wahrgenommen! Von wem? Das verrate ich Ihnen hier.

„You Germans don't look happy"

Ich gehöre zu der Generation, die im Nachkriegsdeutschland unter amerikanischem Einfluss aufwuchs. Dazu zählten amerikanische Filme und Musik, der Mythos der unbegrenzten Freiheit, des American way of life. Im Vergleich zu den USA empfanden wir uns in vieler Hinsicht als unterentwickelt. Wir aßen damals noch keine Fleischbuletten in matschigen Brötchen und tranken den Kaffee noch aus Tassen. Und in Bezug auf unsere Lebenseinstellung, las und hörte ich immer wieder: „You Germans don't look happy!"

Denn Amerikaner, die waren happy und optimistisch. Deren Glas war immer halb voll. Unseres hingegen halb leer. Auch unsere europäischen Nachbarn bescheinigten uns mehrheitlich, das Leben zu schwer zu nehmen. Die „German Angst" fand sogar einen Platz im englischen Wortschatz. Zu ernst, zu unglücklich, zu verklemmt. So bemühten wir uns um ein besseres Image. Wir konsumierten die mediterrane Leichtigkeit in griechischen Lokalen, kauften uns italienische Schuhe und fanden alle Südeuropäer so nett. Uns fand keiner nett. Unser Bild im Ausland wurde gleichgesetzt mit den Komasäufern am Ballermann in Mallorca.

Neue Töne - aus Fernost
Und nun völlig neue Töne! Die kommen – wie zurzeit vieles – aus Fernost. Dort schaut man auch auf Deutschland, allerdings aus einem völlig anderen Blickwinkel. Kai Strittmatter, der Chinakorrespondent der Süddeutschen Zeitung, berichtete in einem Beitrag am 11.4.2014, dass die überwiegende Zahl der reichen oder gutverdienenden Chinesen ihr Land verlassen möchten. Gründe sind die verpestete Luft, das vergiftete Essen und das Gefühl, nichts sei sicher. Es sind keine Armutsflüchtlinge, sondern der Teil der Bevölkerung in China, dem es am besten geht. „Wir haben ein Auto, eine Wohnung, einen guten Job. Und doch machen wir uns ständig Sorgen.", wird der Mitarbeiter einer Staatsbank zitiert. Der ist bereits viel gereist, auch nach Deutschland. „Die Deutschen, die ich traf, wirkten meist so zufrieden und glücklich. Wir Chinesen sind immer bedrückt".

Die Deutschen strahlen Ruhe und Zufriedenheit aus
Reiben Sie sich bereits verwundert die Augen? Brachte die weltwirtschaftliche Machtverschiebung von der Wall Street zur Great Wall auch eine veränderte Sicht auf uns Deutsche? Es scheint so zu sein. Denn in dem Bericht geht es weiter. „In Europa ist das doch nicht so verrückt mit der Jagd nach dem Geld wie hier, oder?", fragte eine Chinesin den deutschen Reporter. „Ihr denkt auch noch an andere Sachen außer Profit, habe ich Recht?"
In einem SZ Magazin vom April 2014 erzählt man von den Erfahrungen einer chinesischen Reisegruppe in Deutschland. „In China fragt sich doch jeder: Wie viel verdient mein Nachbar? Welche Beziehungen hat er? In Deutschland strahlen die Menschen Ruhe aus. Hier sieht sogar der Bahnschaffner zufrieden aus."

„Wir sehen die Dinge nicht, wie sie sind, sondern wie wir sind"
Wie wir wissen, gibt es keine objektive Realität, sondern unsere Sicht der Dinge schafft unsere Wirklichkeit. Deshalb finde ich es interessant, wie wir aus unterschiedlichen Augen wahrgenommen werden.
Noch einmal: für Chinesen wirken wir zufrieden und glücklich. Und das können wir ja auch sein. Wenn wir den Wasserhahn aufdrehen, fließt sauberes Trinkwasser. Wir protestieren und demonstrieren, ohne verhaftet zu werden. Unsere Kinder können draußen spielen, ohne eine Atemmaske zu tragen. Und unser soziales Netz schützt uns in vielerlei Hinsicht. Wir müssen weder Erdbeben noch Hurrikans fürchten.

Luxus kann träge machen

All das jedoch bringt Chinesen auch zum Nachdenken. „Wenn einem das Leben so einfach und gemütlich gemacht wird, wie bei euch – wo soll denn da der Ehrgeiz herkommen, die Wünsche, die Träume?"
Sie merken: Sollten wir immer noch die Bedenkenträger Europas sein und von der German Angst getrieben werden, so haben wir auch in diesem Bereich starke Konkurrenz aus Fernost bekommen.

42. Weihnachten in Asien

Vielleicht möchten Sie manchmal in der Vorweihnachtszeit dem Tannenbaumduft, Glühwein und den endlosen Musikschleifen amerikanischer Christmas-Lieder auf den Radiosendern entfliehen? Vielleicht erwägen Sie sogar eine Reise nach Asien? No chance – auch hier werden Sie in den großen Städten, oder bei den kleinen Verkaufsständen an den Stränden in Thailand, Sri Lanka oder Bali auf weihnachtliche Dekorationen stoßen. Die Hauptgeschäftsstraße Singapurs, die Orchard Road, wurde schon mal mit tropentemperatur-resistentem Kunstschnee verzaubert. In den Megacities der chinesischen Ostküste lassen sich die großen Kaufhäuser die Chance auf zusätzliche Umsätze nicht entgehen. Verständlich in einer Kultur, in der das Schenken einen hohen Stellenwert einnimmt. Und in vielen Restaurants tragen die Bedienungen rot-weiße Santa Claus-Kostüme.

Kritik an der Übernahme westlicher Bräuche

An dieser Ausbreitung der -zumindest äußerlichen- christlichen Festzeichen gibt es natürlich auch Kritik. „Frühlingsfest statt Weihnachten" propagieren einige chinesische Internetautoren und forderten ihre Landsleute auf, den westlichen Einfluss zurückzudrängen. Auch viele westliche Expatriates fragen sich, was dies alles noch mit den christlichen Botschaften zu tun hat in einer Kultur, die keine christlichen Wurzeln kennt.

Nicht Entweder-Oder, sondern Sowohl-als-auch Denken
Und gerade in der Tatsache, dass sich das Christentum nirgends in Asien als dominante Religion durchsetzen konnte, liegt wohl ein Grund, warum man dort ohne große Bedenken auch das Weihnachtsfest in die Anlässe zum Feiern und Konsumieren aufnimmt. In den asiatischen Philosophien – ob Buddhismus, Hinduismus oder Shintoismus – gibt es kein Entweder-Oder, Richtig-oder-Falsch-Denken wie im Christentum, sondern ein Sowohl-als-Auch. „Alle Flüsse fließen ins Meer", sagt man im Buddhismus. Damit sind viele Wege der Erlösung oder des Heils möglich. Und ob nun zu Weihnachten, zum chinesischen Neujahrsfest oder dem thailändischen Wasserfest: Jede Gelegenheit zum Feiern kann man nutzen.

Hätten Sie's gewusst?
Fernost ist übrigens auch bei Ihrem festlich dekorierten Haus oder Baum ganz nah: 60% des Weihnachtsschmuckes wird in China produziert.

Und noch ein Tipp: Auch wenn Ihnen Ihre asiatischen Geschäftspartner Weihnachtswünsche schicken, Sie können sich zwar bedanken, müssen aber nicht im gleichen Sinn antworten. Mit einer „besinnlichen Weihnachtszeit" können diese nichts anfangen. Viel wichtiger in Ländern wie China, Singapur, Taiwan, Korea oder Japan ist das chinesische Neujahr oder Frühlingsfest.

7. Zum Schluss eine wichtige Frage: Was denken die Asiaten eigentlich über uns?

43. Das Deutschlandbild in Asien

In meinen Beratungen informiere ich westliche Unternehmen auch, wie deren asiatische Geschäftspartner und Mitarbeiter denken und welche Konsequenzen dies dann für die unterschiedlichen Bereiche in der Zusammenarbeit hat.
Immer wieder kommt von Seiten meiner ZuhörerInnen die Frage: „Und was denken die Asiaten eigentlich über uns Deutsche?"
Deshalb möchte ich Ihnen erzählen, was unsere Partner in Fernost von uns halten. Freuen Sie sich auf einige Überraschungen!

Der gute Ruf Deutschlands
Gerade wir Deutsche fürchten ja aufgrund unserer Geschichte oft, dass uns diese auch heute noch im Ausland begegnet.
In Bezug auf Asien kann ich Sie beruhigen. Dort genießen wir durchgängig einen guten Ruf. Wir gelten als zuverlässig, unsere Produkte als qualitativ führend. Die Gräuel des Nazideutschland haben Asien nicht erreicht.

Deutschland und Japan

Mit Japan verbindet Deutschland schon seit dem 16. Jahrhundert eine traditionell freundschaftliche Beziehung, auch wenn diese im 19./20. Jahrhundert einigen Schwankungen unterlag. Hitlerdeutschland schloss 1940 mit Japan und Italien den Dreimächtepakt. Es kam zwar zu keiner konkreten militärischen Kooperation zwischen Deutschland und Japan, die symbolische Einheit wirkt jedoch noch nach.

Deutschland und China

In China hatte das kaiserliche Deutschland sogar zwischen 1898 und 1918 eine Kolonie in der nordöstlichen Küstenstadt Qingdao. Aber auch dort hinterließen wir einen guten Eindruck – und die Bierbraukunst. Das bekannte chinesische Tsingtao Bier geht also auf deutsche Einflüsse zurück.

Deutschland und Indien

In Indien oder Pakistan können Sie als Deutsche eine etwas irritierende Reaktion Ihrer Geschäftspartner erleben. „Sie sind aus Deutschland? Ah! Adolf Hitler! Gut!" Dieses zweifelhafte Kompliment liegt in der Sichtweise vieler indischer Menschen begründet. Da die Mitglieder der höchsten hinduistischen Kaste ja Nachfahren der von Persien nach Indien eingewanderten Arier sind, sehen sie durch die krude Arier-Ideologie Hitlers quasi eine Verwandtschaft mit uns. Zum Zweiten begrüßten sie aufgrund ihrer kolonialen Vergangenheit mit Großbritannien die Tatsache, dass Hitler England angriff. Und in Pakistan, das mehrheitlich islamisch ist, findet man die Judenverfolgung Hitlers auch heute noch ganz toll. Wie gesagt, eine Bewunderung, deren Ursache wir nicht teilen. Nutzen Sie das Gute des Bösen, das heißt profitieren Sie von dem guten Ruf, auch wenn Sie über die Ursachen nicht glücklich sind.

Deutschland als ausgleichende Kraft

Mehrheitlich möchte man in den asiatischen Ländern auch mit uns Geschäfte machen, um die Dominanz von amerikanischen oder japanischen Anbietern zu relativieren.
Und zu guter Letzt sei noch darauf verwiesen, dass Deutsche (im Vergleich zu manchen amerikanischen oder südeuropäischen Geschäftspartnern) oft zurückhaltend und ruhig in ihrem Auftreten sind und deshalb dem asiatischen Ideal eines wohlerzogenen und gebildeten Menschen entsprechen.

Was ist Deutschland?

Auch wenn es uns in Franken oder in anderen Bundesländern nicht gefällt: Für viele Asiaten ist Deutschland gleichbedeutend mit Bayern. Überall kennt man bayerisches Bier und Neuschwanstein. Natürlich zieren Bilder vom Oktoberfest jede Werbung für eine Reise nach Deutschland.

Deutschland = Bayern

Mit solchen Vorstellungen reisen dann asiatische Geschäftsleute nach Deutschland. Oder genauer gesagt: asiatische Geschäftsmänner. Ihre Erwartungen in Bezug auf das (attraktive) Aussehen deutscher Frauen speisen sich aus den Bildern üppiger Bedienungen in Dirndln auf dem Oktoberfest. Es gehört oft zum Besuchsprogramm, dass sich Geschäftsmänner aus Fernost mit willigen Damen in einschlägigen Etablissements vergnügen möchten. Die entsprechen dann aber manchmal nicht ihren Wünschen. „Diese Chinesen!", schimpfte die Chefsekretärin eines Kunden von mir. „Mit nichts sind sie zufrieden. Unser Fahrer sagte, das seien so hübsche Frauen gewesen (Anm: in einem Vergnügungsviertel). Aber die Chinesen beschweren sich nur: ‚They are sooo thin!' "
Wie wussten schon die alten Römer? "Varatio delectat", Abwechslung erfreut. Und dünne Frauen haben die Chinesen ja selbst zu Hause...
Nutzen Sie diese positive Grundeinstellung uns gegenüber und bereiten Sie sich zusätzlich gut auf die Denkweise und Spielregeln Ihrer asiatischen Geschäftspartner vor. So vermeiden Sie nicht nur unfreiwillige Fettnäpfchen, sondern können Ihre Ziele auch effektiver durchsetzen.

44. Was chinesischen Touristen in Doi Tse Lan (nicht) gefällt

Mittlerweile haben die Chinesen die Deutschen als Reise-Weltmeister abgelöst. Dabei ist unter den europäischen Reisezielen Deutschland das beliebteste. Was gefällt den Touristen aus Fernost bei uns und was weniger?

Die drei „K": Konsum, Kultur, Kommunismus
Fast 2,3 Millionen Übernachtungen gab es in Deutschland im Jahr 2016. Die chinesischen Touristen haben wenig Zeit, sind jung und in ihrem Konsum zielorientiert. Für Verwandte und Freunde kaufen sie großzügig ein: Töpfe, Messerblöcke, kleine Haushaltshilfen bieten manche Haushaltsgeschäfte bereits fertig zusammengepackt als „Asia Set" an. Daneben sind sie jedoch auch an Designerware oder teuren Uhren interessiert. Hauptsache „made in Germany" – die Kopien hat man ja zu Hause. Schlösser, wie Neuschwanstein, stehen natürlich auch auf dem Reiseprogramm. In chinesischen Reiseführern empfiehlt man aber, diese nur von außen zu besichtigen. Die Fassaden seien schön, aber innen fände man wenig Interessantes.
Und besonders für die Reisegruppen, in denen Mitglieder der Kommunistischen Partei Chinas vertreten sind, ist natürlich der Besuch des Geburtshauses von Karl Marx in Trier ein Pflichtziel.

Was gefällt den chinesischen Touristen
In Deutschland schätzt man die Sauberkeit von Städten, Flüssen und Luft. Auch die Hotels und Einkaufsstraßen werden dafür gelobt. Man stellt fest, dass die Autos den Menschen den Vortritt lassen. Und die Dörfer werden nicht hässlicher, je weiter man aufs Land kommt. Im Gegenteil, sie werden immer putziger.

Was den chinesischen Touristen weniger gefällt
Die Klagen beziehen sich zum einen auf den Umgang. Hotelangestellte und Verkäufer würden kaum lächeln – obwohl sie doch an den chinesischen Touristen verdienen. Noch böser schauten sie, wenn man die Verpackungen im Kaufhaus aufreiße, um zu sehen, was wirklich drin ist. Als unhöflich empfindet man auch den direkten Blickkontakt und das Schnäuzen in der Öffentlichkeit.

Und das Essen!
Zu diesem Thema gibt es wohl die meisten Klagen.

- In Restaurants müsse man geduldig sein. Es wird nicht alles auf einmal serviert, sondern nacheinander. Um den nächsten Gang zu bekommen, muss man erst seinen Teller leer essen. Das alles kommt vielen Chinesen wie Folter vor.
- Wenn man Wasser bestelle, erhalte man kaltes, statt warmes.
- Die Deutschen trinken dieses widerliche Drüsensekret von Kühen und essen auch noch die übel riechende Masse, die daraus gemacht wird!
- An einem Tisch sitzen oft nur zwei Personen – wie peinlich.
- Und in den Hotelzimmern finde man meist keine Wasserkocher, um sich Tee oder mal auch ein Instantgericht zubereiten zu können.

Der chinesische Staat überwacht seine Bürger auch im Ausland
Immer wieder fallen chinesische Touristen im Ausland durch schlechtes Benehmen auf.
„Bereits 2013 hatte die Nationale Tourismusbehörde daher einen 64-seitigen Ratgeber zu gutem Benehmen veröffentlicht und 2015 eine „Schwarze Liste" für auffällig werdende Reisende eingeführt.

Seit August 2016 müssen Personen auf dieser Liste mit Benachteiligungen bei Flugbuchungen rechnen. Diesen „schlechten Touristen" soll mit der aktuellen Initiative etwas entgegengesetzt werden. Vergangenen Monat bekamen die Leser der parteistaatlichen Volkszeitung einen Vorgeschmack: Bilder zeigten Chinesen, die nach einem Fußballspiel in Südkorea Müll aufsammelten." (Quelle: Merics 8/2016)

Informiert man sich in der Hotelerie oder in den Gasthäusern über die Wünsche chinesischer Touristen?
Ich habe dazu beim Bayerischen Hotel- und Gaststättenverband nachgefragt: Es gibt keine Angebote für die Mitglieder zu diesem Thema und auch keinen Wunsch, diese in Zukunft anzubieten. Und so bleibt wohl ein Hotelier in der Pfalz die Ausnahme: Er hat sogar den 4. Stock in seinem Haus „abgeschafft", weil der bei chinesischen Gästen als unglücksträchtig gilt und unbeliebt war.

8. Epilog

Immer wieder höre ich, dass man sich doch in Bezug auf die interkulturelle Zusammenarbeit nicht so viele Gedanken machen soll. Es genüge doch, wenn man in bester Absicht, mit gutem Willen und einer guten Kinderstube nach Asien reist.

Da muss ich zustimmen. Ohne diese drei Voraussetzungen wird man nirgends auf der Welt gute Geschäfte machen.

Und dennoch kann man in bester Absicht scheitern.

Deshalb möchte ich Ihnen meine Lieblingsparabel von Ernst Bloch erzählen.

„Ein Hund und ein Pferd liebten sich sehr.

Und sie wollten einander nur das Beste tun.

Der Hund brachte dem Pferd die saftigsten Knochen.

Und das Pferd legte dem Hund die duftigsten Heuballen vor."

Sie kennen das Ende der Geschichte: Beide verhungerten.

www.ingramcontent.com/pod-product-compliance
Lightning Source LLC
Chambersburg PA
CBHW070847160426
43192CB00012B/2334